DAS LÄCHELN DER SENOI

Was es bedeutet, ein Mensch zu sein

Das alte Volk der Senoi lebt ein überaus einfaches und stilles Leben im Bergdschungel von Malaysia. Keine Uhren, keine Telefone, keine Fahrzeuge. Sie beginnen den Tag damit, dass sie sich gegenseitig Träume erzählen, Geschichten aus der ›wirklichen‹ Welt. Sie nennen sich Menschen – Senoi – und verstehen sich als Teil aller Dinge, verbunden mit der Erde und allem, was existiert.

Die Geschichten von Robert Wolff sind viel mehr als der Bericht über ein verschwundenes Volk. Sie sind ein Spiegel für uns und unsere Lebensweise, und sie fordern uns heraus, in der fragmentierten Welt von heute unser Menschsein und die Verbundenheit mit der ganzen Schöpfung wieder zu entdecken.

Robert Wolff (1925-2016) wuchs mit holländischen Eltern bei den indigenen Völkern Indonesiens auf. Als Psychologe und Lehrer lebte er bisweilen in Surinam und in Südostasien und unterrichtete unter anderem an der Universität von Hawaii.

Robert Wolff

DAS LÄCHELN DER SENOI

Was es bedeutet, ein Mensch zu sein

Aus dem Englischen übertragen von Franziska Espinoza

Oneness Center Publishing

Impressum

Published by Arrangement with
INNER TRADITIONS INTERNATIONAL LTD., Rochester, VT, USA
Dieses Werk wurde vermittelt durch
die Literarische Agentur Thomas Schlück GmbH, 30927 Garbsen.

Die Originalausgabe erschien unter dem Titel
Original Wisdom: Stories of an Ancient Way of Knowing

2. Auflage 2019

Titelfoto: © Ursula Hofer
Lektorat: Claudia Lehnherr Mosimann, Patrick Blank
Buchgestaltung: Greta Horn, Braunschweig
Herstellung: BoD - Books on Demand, Norderstedt
www.oneness-center.ch

ISBN 978-3-9523830-6-3

Für meine Söhne, die noch zu jung waren, um an meinen Erlebnissen damals unmittelbar teilhaben zu können: Ihr wart in meinem Herzen.

Für die Freunde, die mich ermutigt haben, nicht aufzugeben und die mit meinen Zweifeln und meiner Unentschlossenheit umzugehen wussten, und auch für jene, die mir nicht gut gesinnt waren und mich Mitgefühl und Gewaltlosigkeit lehrten.

Und für die wundervollen Freunde überall auf der Welt, in Surinam, Indonesien, Malaysia, den Philippinen und auf vielen pazifischen Inseln, die mir geholfen haben zu lernen, mich wieder als Mensch zu fühlen.

INHALT

EINLEITUNG

Es ist mir eine Ehre, für die deutsche Ausgabe dieses Buches eine Einleitung zu schreiben.

Das Buch hat schon eine lange Geschichte hinter sich: Es ist erstmals vor sechzehn Jahren erschienen und wurde dann unter dem Titel ›Original Wisdom – Stories of an Ancient Way of Knowing‹ vor zehn Jahren neu aufgelegt.

Die Ereignisse in diesem Buch sind in einer anderen Zeit und in einer anderen Welt geschehen. Sie erinnern uns daran, wie wir Menschen einst lebten, als wir noch nicht so zahlreich waren und ein einfacheres Leben führten. Die Geschichten entstanden über viele Jahre hinweg, und ich habe sie in verschiedenen, zuerst hand- und dann maschinengeschriebenen Notizbüchern festgehalten. Es sind wahre Begebenheiten – ich habe sie selbst erfahren. Die Menschen haben wirklich gelebt. Ich schrieb diese Geschichten, um uns in Erinnerung zu rufen, dass es unterschiedliche Arten und Weisen gibt (oder zumindest gab), die Wirklichkeit wahrzunehmen, andere Formen des Zusammenlebens. Gesellschaften und Kulturen werden nicht ›entworfen‹, wie man heutzutage manchmal gerne glaubt, sondern Kulturen wachsen.

Wir Menschen besaßen seit jeher die Gabe, uns der Umwelt und der spezifischen Umgebung, die wir vorgefunden haben, anzupassen. Die Wissenschaftler sagen, unser Ursprung liege in Afrika, aber wir sind schon immer rastlose Wanderer gewesen. Wir haben uns an das Leben in der Arktis angepasst, wo wir uns fast ausschließlich von Fleisch ernährten, und überlebten, weil wir das gesamte Tier verzehrten: die Organe, die Haut und das Knochenmark, nicht nur das Muskelfleisch. Und was wir nicht aßen, nutzten wir zur Herstellung von Kleidern oder als Schutz gegen die Kälte. Wir bauten Unterkünfte aus Schnee. Andere Menschen passten sich an ein Leben in der Wüste an. Wir lernten, mit sehr wenig Wasser auszukommen, und wir stellten Unterkünfte aus Ästen und Blättern her. Wir passten uns an ein Leben in Höhenlagen an, wo es weniger Sauerstoff gibt als auf Meereshöhe. Viele von uns konnten sich mit einer vegetarischen Kost am Leben erhalten. Es gibt Völker, die auf kleinen Inseln und Atollen überlebten, wo auf dem Sand nichts wächst außer Kokosnusspalmen und vielleicht etwas Gemüse, wo die Lagunen jedoch voller Fische und anderer Meerestiere sind.

Allen Menschen gemeinsam ist das Wissen darüber, wie man zusammenlebt – ansonsten hätten wir nicht überlebt. Auf meinen Reisen lernte ich, dass die Menschen sich auf unterschiedlichste Weise organisieren, aber wie auch immer sie es getan haben, es hat stets funktioniert. Wie könnte es auch anders sein?

Ich kann nicht umhin, die Welt von heute mit der Welt von damals zu vergleichen, einer Welt der Stammesgesellschaften und isolierten Gemeinschaften, die vor einem halben Jahrhundert oder noch früher existierten. In den traditionellen Gesellschaften der Ureinwohner wurden die Frauen nicht von den Männern missbraucht. Gewalt kam kaum vor, sie war in jedweder Form nahezu unbekannt. Es gab keine Gefängnisse und keine Polizei. In den Dörfern der Ureinwohner wurden alle Kinder geliebt und umsorgt, und oft ›gehörten‹ sie viel mehr zum Dorf als zu den biologischen Eltern. Frauen zählten nicht weniger als Männer, eher waren sie wichtiger, waren sie doch Mütter.

Das Wichtigste in diesen Geschichten, die auf den ersten Blick vielleicht überholt erscheinen mögen, ist, dass sich diese Menschen als Teil der Natur verstanden, in welcher Umgebung auch immer sie lebten. Sie waren Teil der Dünen oder des Dschungels, Teil der Bäume und der Pflanzen, die um sie herum wuchsen. Sie kannten die Tiere, mit denen sie ihre Welt teilten. Sie *kontrollierten* ihre Umwelt nicht, sie *ehrten* sie. In allen mir bekannten Kulturen der Eingeborenen hielt man die Erde für heilig; sie war niemals etwas, was man besitzen, kaufen und verkaufen konnte.

Die Grenzen eines Dorfes oder eines Stammes waren nicht klar umrissen, und meist wurden sie durch die Natur selbst gezogen, durch einen Fluss, eine Bergkette, ›die andere Seite des Waldes‹. Die Eingeborenen, die ich kannte, die ersten Bewohner, waren Nomaden. Sie hielten kein Gebiet für *ihr* Territorium, doch mieden sie Gegenden, in denen andere Menschen lebten.

Ich wuchs in einer kleinen Stadt auf Sumatra, in Indonesien, auf. Ich sprach von Anfang an zwei Sprachen, und mir war seit Kindesbeinen bewusst, dass eine Sprache zu meinen Eltern gehörte und die andere Sprache zu allen anderen. Viele Jahre später – ich war verheiratet und hatte vier Söhne – lebten wir in Malaysia, wo ich Forschung betrieb. Die Malaien gleichen den Menschen, mit denen ich aufwuchs, sie sprechen dieselbe Sprache und leben eine Kultur, die mir vertraut war.

Die Sprache der Sng'oi (man schreibt auch Senoi oder Semoi) lernte ich nie sehr gut sprechen, doch mit vielen Gesten, Lächeln, Geduld und etwas Malaiisch gelang es mir, die Kultur dieser alten, wahrhaft friedfertigen Menschen zu verstehen. Von Anfang an war mir bewusst, dass sie so waren, wie wohl alle Menschen früher gewesen sein mochten. Ich nahm mir vor, mindestens eine Generation lang nicht über sie zu schreiben, um sie vor einem zu großen Interesse und vor der Einmischung von Westlern zu schützen, die, so meine Befürchtung, möglicherweise Gründe hatten, diese friedvolle Existenz zu zerstören. Deshalb hat es so lange gedauert, diese Geschichten in einem Buch zu veröffentlichen.

Später besaß ich aufgrund meiner Arbeit das Privileg, an viele abgelegene Orte im Pazifik und in Südostasien reisen zu können. Natürlich gibt es Unterschiede zwischen den Völkern, doch immer auch bedeutsame Gemeinsamkeiten. In der zweiten Hälfte des 20. Jahrhunderts machte allen isolierten Orten, die ich besuchte, derselbe Konflikt zu schaffen: die Einführung westlicher Ideen und Ansprüche, die immer und überall faktisch zur Zerstörung der jahrhundertealten Kulturen führte.

Ich habe mich stets leidenschaftlich für die Heilkunst interessiert. Wo auch immer ich hinkam, hielt ich nach Menschen Ausschau, die sich vielleicht noch an althergebrachte Heilmethoden erinnerten oder diese gar praktizierten. Und fast überall bekam ich zu hören, dass ihnen das wenige, was sie noch an Wissen über Heilpflanzen und die Herstellung von Tinkturen und Umschlägen besaßen, durch Erzählungen der früheren Generation in Erinnerung geblieben war. Doch zu wissen, dass die eine Pflanze das Fieber senkt und die Wurzel einer anderen Pflanze bei Magenbeschwerden hilft, ist nur die äußere Hülle eines Heilsystems. Ich wollte die Grundprinzipien der tradierten Heilverfahren lernen, die Denkweise hinter der Praxis. Unser westliches medizinisches Denken konzentriert sich fast ausschließlich darauf, den Erreger zu finden, der eine Krankheit verursacht, damit wir diesen dann attackieren und entfernen können. Die chinesische Medizin und Ayurveda zum Beispiel haben eine grundlegend andere Vorstellung über die Funktionsweise des Körpers und deshalb auch über die Natur des Heilens.

Die westliche Medizin basiert auf der Idee, die äußeren Ursachen zu finden und dann zu beseitigen. Nahezu alle nicht-westlichen Systeme bauen oder bauten darauf, die eigenen Abwehrkräfte des Körpers zu stärken. In der westlichen Medizin richtet man die ganze Aufmerksamkeit auf das Organ, das von der Krankheit befallen ist, in den nicht-westlichen Heilverfahren liegt der Fokus immer auf der ganzen Person, welcher man hilft, der Krankheit zu widerstehen oder sie sogar zu akzeptieren und sich an sie anzupassen; wir würden sagen, man hilft, das Immunsystem zu stärken. Die westliche Medizin ist zu einem Fachgebiet der Chemie geworden, so wie die Landwirtschaft auch. Deshalb führen westliche Medikamente oft zur Zerstörung des Immunsystems: Antibiotika richten sich buchstäblich ›gegen das Leben.‹ Nicht-westliche Systeme zielen darauf ab, die Körperfunktionen zu normalisieren.

Über die Jahre hinweg trat immer deutlicher zutage, dass die Menschen fast überall, sei es in einer Kleinstadt oder auf einer kleinen Insel, nicht mehr wussten, was das Heilen ihren Großmüttern und Großvätern bedeutet hatte. Unsere westliche Zivilisation ist so übermächtig, anmaßend und erdrückend, dass auch auf den abgelegensten Inseln alle Einwohner von den ›wunderbaren‹ Errungenschaften des Westens vernommen hatten und darum ihr eigenes tradiertes Wissen vergaßen. Ich hatte zehn Jahre lang versucht, zumindest Teile dieser anderen Denkweise aus früheren Zeiten zu retten und war nun entmutigt. Und doch wusste ich, wie beschränkt unser westliches Denken ist, denn das Wissen gründet nicht mehr auf der Natur. Tief in meinem Innern begriff ich, dass unsere Ablehnung der alten Weisheit ein Verlust war.

Dann traf ich im Königreich Tonga – das sind drei Inselgruppen mitten im Pazifik – eine junge Frau, die mir von zwei Ärzten als ›begnadete Heilerin‹ beschrieben worden war. Ich erzählte ihr von meinem Gefühl des Verlustes, das mich während meiner Reisen beschlichen hatte, weil sich niemand mehr so richtig an die alten Heilmethoden erinnern konnte. Sie überlegte lange. »Ja, das Wissen und die Weisheit der alten Völker ist fast ganz ausgelöscht worden«, doch ..., – und nun richtete sie sich auf, schaute mir direkt in die Augen und ihre Stimme wurde kräftig und bestimmt – »... doch das ist nicht die ganze Wahrheit. Zu allen Zeiten gab es Menschen, die *wissen*. Wenn wir es am allerdringendsten benötigen, wird sich jemand des ursprünglichen Wissens erinnern.« Sie lehnte sich zurück und lächelte.

Sie hatte recht. In meinem Leben befand ich mich mehr als einmal in der Situation, dass ich – weit weg von irgendeiner westlichen medizinischen Einrichtung – dringend Arzneimittel benötigte. Und irgendwie *wusste* ich, dass eine Pflanze, die ich in diesem Moment sah, genau das besaß, was ich gerade brauchte. Die Pflanze war mir nicht vertraut, und dennoch wusste ich, wie sie sich anfühlen, wie sie schmecken würde. Ein anderes Mal, als ich heftige Schmerzen hatte und meilenweit keine westlichen Schmerzmittel zu finden waren, *wusste* ich plötzlich und unverhofft, wie ich die Schmerzen annehmen und mit ihnen umgehen konnte. Diese unerwarteten Eingebungen funktionierten immer.

Ich habe gelernt, diesem inneren Wissen ganz zu vertrauen. Es spielt keine Rolle, wie wir es nennen. Wir sagen zu ihm vielleicht Intuition. Ein Wörterbuch definiert Intuition wie folgt: ›etwas unmittelbar verstehen, ohne die Notwendigkeit, bewusst darüber nachzudenken‹. Doch was es auch sein mag, meiner Erfahrung nach funktioniert es. Aber unsere westliche Kultur erzieht uns dazu, dieses innere Wissen abzulehnen, auch wenn es nichts Ungewöhnliches ist. Viele Menschen machen die Erfahrung, dass sie *wissen*, wer anruft, wenn das Telefon klingelt, oder dass jemand zu Besuch kommen wird.

In vielen Gegenden der Welt benutzten die Urvölker Pfeile, die sie in Gift tunkten. Die Giftmischungen der verschiedenen Regionen unterscheiden sich voneinander, aber allen gemeinsam ist, dass sie das Tier töten, ohne das Fleisch zu vergiften. Wie haben die Menschen gelernt, was genau die gewünschte Wirkung erzeugte, wie die korrekte Zusammensetzung sein musste? Es ist kaum nachvollziehbar, dass man das durch Experimentieren herausfand, wie ich die Anthropologen stets argumentieren hörte. Es fällt leichter zu akzeptieren, dass es immer einzelne Menschen gegeben hat, die *wussten*, welche Gifte man in welcher Mischung verwenden sollte.

Heute gibt es überall Menschen, die Teile des ursprünglichen Wissens wieder entdecken. Ich erinnere mich an jene Begebenheit, als ich in einem rund vier Meter langen BOSTON WHALER auf dem offenen Ozean über fünf Stunden von einer Insel zu einer anderen fuhr. Wenn man so flach auf dem Wasser liegt, ist der Horizont sehr nahe, und auf der ganzen Strecke war fast kein Land in Sicht. Wir fuhren in einer geraden Linie von Nuku'alofa, der Hauptstadt der Insel Tongatapu, her. Dann plötzlich, mitten auf dem Ozean, änderte der Steuermann den Kurs. Dann fuhren wir wieder geradeaus (ich achtete auf die Spur des Kielwassers), direkt auf die kleine Insel zu, die unser Ziel war und die nicht mehr als zwei Meter über dem Meeresspiegel lag. Er lese die Strömungen, erzählte mir der Steuermann, während ich natürlich nur den flachen Ozean gesehen hatte.

Als in der zweiten Hälfte des vorigen Jahrhunderts die Hawaiianer anfingen, Schiffe nach dem Vorbild der alten polynesischen Doppelwand-Kanus zu bauen, die über den Pazifischen Ozean gesegelt waren, fanden sie einen Mann auf Mikronesien, der sich erinnerte, wie man nach den Sternen navigierte. Und es gibt auf Hawaii auch wieder KAHUNA, – allen Bemühungen der Missionare zum Trotz, die auch noch das letzte Überbleibsel nicht-christlicher Kultur auszurotten versuchen. Ein Kahuna ist ein Priester, ein Experte; der KAHUNA LAPA'AU beispielsweise ist ein Heiler. Die heutigen Kahuna stammen nicht mehr von einer langen Linie von Kahuna ab, die ihr Können von Generation zu Generation überliefert haben. Doch vereinzelt finden Menschen die Fähigkeiten tief in ihrem Innern wieder (vielleicht in dem, was C.G. Jung das ›kollektive Unbewusste‹ nennt).

Heutzutage, so scheint mir, leben wir in einem konfusen und verwirrenden Mix von Kulturen und Popkulturen (damit meine ich populäre Kulturen wie Hollywood und Disney oder Musik- und Modetrends). Was älter als ein Jahr ist, erscheint uns nicht wert, in Erinnerung zu behalten. Doch ginge es uns wohl viel besser, würden wir wieder aus unserem eigenen Erleben heraus lernen. Auf diese Weise sind wir früher von der Erfahrung zum Wissen und dann zur Weisheit gelangt. Wir brauchen Wissen, das auf menschlichen Erfahrungen im Austausch mit der Natur beruht; wir konzentrieren uns vielleicht zu sehr auf Wissenschaft und Emotion.

Doch die althergebrachten Weisheitslehren sind vielleicht nicht ganz verloren – dieser Gedanke ist tröstlich. Wenn die Not es erfordert, können wir im Innern, tief in uns, bedeutsames Wissen wiederfinden.

Von den Ureinwohnern lernte ich, wie wir Menschen einst waren; ich fühlte unser aller Verwandtschaft. So wie Peter Matthiessen in seinem Buch *Der Baum der Schöpfung* über die Begegnung mit Pygmäen in Zentral-Ostafrika schreibt: »... es war, als wenn ich ein ganzes Leben lang fort gewesen wäre und nun nach Hause komme.«

Ich glaube, es liegt Hoffnung darin, uns wieder ins Bewusstsein zu rufen, was es bedeutet, ein Mensch zu sein.

März 2011

VORURTEILE

Ich begann meine berufliche Laufbahn als staatlicher Psychologe in Surinam, einem Entwicklungsland in Südamerika. Natürlich hatte ich schon zuvor gearbeitet, aber dies, dachte ich, sei nun der Beginn meiner Karriere und ahnte damals nicht, dass mich diese nicht nur aufwärts, sondern um den ganzen Erdball herum führen würde.

Während unseres Aufenthalts in Surinam fotografierte das LIFE MAGAZINE die Dschungelgebiete rund um die Hauptstadt Paramaribo für eine Ausgabe über den Regenwald in der Serie ›Die Welt, in der wir leben‹. Das Land liegt einige Breitengrade oberhalb des Äquators. Es ist heiß und feucht und dicht bewaldet. Zu jener Zeit gab es nur wenige Straßen – man reiste mit Dampfern oder Einbaum-Kanus auf den Flüssen.

Surinam, zuvor eine englische, dann eine holländische Kolonie, besaß nun die Unabhängigkeit. Die Ureinwohner waren Afro-Kariben. Sie nannten sich selbst Arawaken. Sie waren einige hundert Jahre zuvor von afrikanischen Sklaven vertrieben worden. Des dichten Dschungels wegen konnte die Mehrheit jener Sklaven fast sofort entfliehen und wurde nicht wieder gefangen. Diese Sklaven, die sich selbst befreit hatten, errichteten im Innern Surinams eine Kultur, wie sie im 17. Jahrhundert in Afrika vorherrschte. Mitte des 19. Jahrhunderts schlossen sie mit der niederländischen Regierung

Frieden. Die Ndyuka, wie sie sich damals nannten, kontrollierten das Landesinnere; die Niederländer regierten einen schmalen Landstrich entlang der Küste, mit der Hauptstadt Paramaribo und einigen anderen kleinen Städten. Heute ist Surinam unabhängig.

Die Kolonialisten waren, wohl zu Recht, überzeugt, in diesem Klima nicht arbeiten zu können. Sie trugen für den tropischen Regenwald zu viele Kleider, sie fühlten sich aber zugleich den Völkern mit einer Zivilisation, die sich so sehr von der eigenen unterschied, weit überlegen. So mussten die Arbeiter woanders rekrutiert werden. Nach der Abschaffung der Sklaverei wurden Menschen aus dem südlichen Asien (heute Indien, Pakistan, Bangladesch und Sri Lanka) und später aus Java dazu überredet, sich als Vertragsarbeiter zu verpflichten. Auch wenn ihnen zugesichert wurde, dass sie nach Ablauf der Arbeitsverträge nach Hause zurückgebracht würden, entschieden sich doch viele zu bleiben.

In Surinam mischten sich die Menschen – unabhängig von ihrer Hautfarbe – wie kaum sonst irgendwo auf der Welt. Es gibt einige wenige schwarze Afrikaner (auch Blau-Schwarze genannt), aber daneben findet sich jede andere Farbnuance: schwarz, braun, beige, gelb und fast-weiß.

Surinam besitzt Erzvorkommen, die von ALCOA, einer amerikanischen Aluminiumfirma, abgebaut werden. Einige Bewohner arbeiteten für Alcoa, einige wenige waren in der Landwirtschaft tätig – wieder andere fanden sogar Goldklumpen im Dschungel und schmuggelten diese nach Miami – aber abgesehen von der Arbeit für die Regierung, zu jener Zeit die größte Arbeitgeberin im Land, gab es kaum Möglichkeiten, seinen Lebensunterhalt zu verdienen.

Kurz nach unserer Ankunft hörte ich, dass einige Abteilungsleiter und Vorgesetzte der Auffassung waren, die Arbeiter seien faul und ohne Ehrgeiz. Dies überraschte mich, denn die Menschen, mit denen ich mich angefreundet hatte, schienen glückliche, engagierte Männer und Frauen zu sein, immer bereit, sich selbst zu verbessern. Da es keine universitäre Ausbildungsstätte im Land gab, schrieben sie sich für Fernkurse ein. Erst später wurde mir klar, dass meine Freunde oft Kurse wählten, die wenig oder nichts mit ihrer Arbeit zu tun hatten. Die Studenten waren der Ansicht, sich selbst verbessern zu müssen und nicht ihre Fähigkeiten bezüglich der Arbeit. Sie wollten dringend lernen, und sie ergriffen jede Gelegenheit, sich zu bilden.

Erst *nachdem* ich angestellt worden war, wurde ich gefragt, was ein Psychologe denn so tue. Ich war ein frischgebackener Studienabgänger, mit zwei Abschlüssen in Psychologie, einen davon hatte ich an einer renommierten amerikanischen Universität im Fach Sozial-Psychologie erworben. Ich glaubte mich mit Interviewtechniken auszukennen und war geschult, Meinungsumfragen zu konzipieren, durchzuführen, zu analysieren und zu interpretieren. Auf die Frage, worin die Arbeit eines Psychologen bestehe, referierte ich also über Meinungsforschung, Stichprobenprüfung, Forschung im Allgemeinen, die Wichtigkeit von Validität und verlässlichen Resultaten. Doch beantwortete natürlich nichts von alledem die Frage. So sagte ich, dass die Psychologen herausfänden, wie die Menschen *wirklich* seien und nicht, wie die anderen sie wahrnähmen.

Zweifellos erklärte ich zu viel. Ich erhielt keine Reaktion. Ich dachte, das Thema sei erledigt. Und es war mir aus dem Sinn.

Doch jemandem war bekannt, dass Psychologen auch Tests durchführen. Ich erhielt den Auftrag, in einer neu gegründeten

Erziehungsberatungsstelle Kinder zu testen. Meine erste offizielle Handlung war es, meinem Vorgesetzten zu sagen, dass wir keine der Tests, die er bestellt hatte, verwenden konnten, weil diese Tests auf Kinder mit westlicher Erziehung zugeschnitten waren. Die hiesigen Kinder sprächen eine andere Sprache, besäßen eine andere Kultur, und man könne nicht davon ausgehen, dass sie sich innerhalb der Normen bewegten, die woanders entwickelt worden waren.

Wir erfanden andere Tests und es funktionierte.

Ich hatte meine Gespräche darüber, was ein Psychologe so mache, schon fast vergessen, als ein Jahr später in der Lokalzeitung eine Anzeige posaunte: *Die Regierung kündigt an, dass der Regierungspsychologe eine wissenschaftliche Studie durchführen wird, um herauszufinden, wieso die Leute so faul sind. Alle sind zur Kooperation angehalten!*

Ich protestierte. Ich versuchte, meinen Vorgesetzten klarzumachen, dass ich unter diesen Umständen keine verlässliche Studie durchführen konnte. Sie willigten ein, sechs Monate abzuwarten, während derer ich sorgfältig und in aller Stille eine Umfrage entwarf und hoffte, die Leute würden die Anzeige in der Zeitung vergessen.

Unsere Umfrage war darauf ausgelegt, stichprobenweise Regierungsangestellte nach ihrer Arbeitseinstellung zu befragen. Als wir einen Probelauf durchführten, fanden wir heraus, dass nur wenige Menschen je einen Multiple-Choice-Test gemacht hatten. Unser Probelauf scheiterte kläglich. Ich revidierte meine Ideen und entwarf eine Interview-Studie. Wir änderten die Fragen etwas ab und schulten die Befrager.

Dabei entdeckten wir, dass nicht das gewählte Format, sondern die *Fragen* die falschen waren. Zu viele der Befragten konnten die gestellten Fragen nicht beantworten. Nach einem Teil, in dem die Angestellten über ihren Job, d.h. ihre Laufbahn, befragt wurden, stellten wir die Frage: »Wenn Sie nicht tun würden, was Sie jetzt tun, was würden Sie in dem Fall gerne tun?« Eine ziemlich alltägliche Frage im Westen, von der ich mir erhoffte, die Leute dazu zu bringen, ihre Zufriedenheit mit ihrer Arbeit auszudrükken und vielleicht sogar über ihre Motivation und Ambitionen zu sprechen.

Stattdessen wurde ich nur betreten angestarrt.

Auf unsere Frage antworteten sie: »Dasselbe, was ich jetzt tue«. Sie fragten sich, was sie denn anderes tun würden? Doch, ganz bestimmt das, was sie jetzt taten.

In der Kinderklinik hatte ich in der Zwischenzeit versucht, einen Test durchzuführen, der in Europa und Amerika zu dieser Zeit allgemein verwendet wurde. Ich gab den Kindern ein leeres Blatt Papier und Farbstifte und wies sie an, etwas zu zeichnen, egal was.

Zu meiner Verwunderung brachten nur zwei der anfänglich 263 Kinder irgendetwas aufs Papier. Die anderen saßen nur mit ausdruckslosen Gesichtern da. Die Kinder gehörten verschiedenen Altersklassen an, waren aber alle im Grundschulalter. Das Durchschnittsalter betrug achteinhalb Jahre.

Der Test ›irgendetwas, egal was, zu zeichnen‹, war in psychologischen Lehrbüchern und Zeitschriften ausgiebig besprochen worden; es gab etablierte Normen, um die Arbeiten zu bewerten, welche die Kinder anfertigten. Den Test hielt man für interkulturell; er konnte laut Experten in jeder Kultur ohne Einschränkungen angewendet werden. Und doch waren hier Kinder im Alter von sechs bis zehn Jahren, die überhaupt nichts produzierten, was hätte analysiert werden können.

Ich fand mögliche Erklärungen. Vielleicht waren ihnen Papier und Stift fremd (ein Irrtum). Oder vielleicht, so dachte ich, seien die Kinder meiner weißen Hautfarbe wegen eingeschüchtert. Ich verstand mich recht gut mit den Kindern und hatte bisher nie das Gefühl gehabt, dass sie Furcht empfanden, aber in einem Land, in dem es alle nur erdenklichen Hautfarben gab, waren doch nur wenige so weiß wie ich. Ich bat eine einheimische Lehrerin, mir bei der Durchführung des Tests zu helfen. Sie beauftragte die Kinder, irgendetwas, egal was, zu zeichnen.

Das gleiche Resultat: betretene Blicke.

Als meine Familie und ich Freundschaften schlossen, waren wir immer erstaunt über die vielen möglichen Familienkonstellationen. Nur ausnahmsweise bestand eine Familie aus Vater, Mutter und Kindern, andere Formen waren viel häufiger. Wir kannten eine Mutter und zwölf Kinder, die wechselnde Arrangements mit mindestens vier der Väter der Kinder hatten. Diese Männer lebten zwar nicht im selben Haushalt, wurden aber als Familienangehörige betrachtet und kamen regelmäßig in das große Heim der Mutter zu Besuch. Eine andere uns bekannte Familie wohnte in drei nebeneinander liegenden Häusern. Es gab drei Großmütter, zwei Großväter, Väter, Mütter, zahllose Tanten und Onkel, eine farbenprächtige (und mächtige) Großtante, Nichten, Neffen, Cousins und, natürlich, viele Kinder. Ich konnte nie in Erfahrung bringen, wer das Familienoberhaupt war, aber als wir die

Familie näher kennenlernten, schien es uns, als gäbe es verschiedene getrennte Beziehungsnetze und Entscheidungswege, die nur schwer zu durchblicken waren. Die junge Frau, die in der Familie das Geld verwaltete, wurde eine besonders enge Freundin. Als wir sie fragten, wie viele Mitglieder ihre Familie denn zähle, fuchtelte sie wild mit den Händen und sagte: »Wie soll ich das wissen. Das wechselt von Tag zu Tag. Die Leute kommen und gehen.«

Es gab nur wenige reiche Leute in Surinam, unter anderem, weil es kaum möglich war, reich zu werden, wenn das Einkommen sich auf die ganze Sippe verteilte. Dafür litt in einer solchen großen Gemeinschaft auch niemand Hunger.

Wie unterschiedlich die Familien auch waren, ihnen allen gemein war, dass sie für ihre Kinder nichts sehnlicher wünschten, als dass sie sich bildeten. Sich weiterbilden bedeutete nicht, dass man eine bestimmte Fähigkeit erwarb, sondern dass man im Allgemeinen gebildeter, vielleicht auch kultivierter wurde.

Aber ich greife meiner Geschichte vor. Solange die Ergebnisse der Studie nicht vorlagen, war mir nicht bewusst, welche Bedeutung die Familien der Bildung beimaßen.

Die Studie kam nur sehr schleppend voran, als mich eines Tages ein Mann besuchte. Es war ein zwar ungebildeter, aber offenkundig intelligenter und weiser Mann. Er sagte, weil er glaube, ich hätte seine Landsleute gern, wolle er mir helfen.

»Es ist sehr einfach«, meinte er. »Die Menschen hier hatten nie große Wahlmöglichkeiten. Es ist nicht unsere Art zu denken ›was wir lieber tun würden‹. Wenn ein Junge erwachsen wird, soll er sich, damit er nicht auf die schiefe Bahn kommt, beschäftigen und die erstbeste Arbeit annehmen, die ihm über den Weg läuft. Wenn es für ihn an der Zeit ist, eine Frau zu haben, dann wird die erste Frau, die ihm begegnet und einwilligt, seine Frau.«

In der Tat sehr einfach.

Sofort war mir klar, dass es da offensichtlich einen Zusammenhang gab mit dem Test, *irgendetwas, egal was* zu zeichnen. Ich fragte mich, was geschehen würde, wenn ich die Kinder bäte, ein Haus oder ihre Mutter oder sich selbst zu zeichnen. Sie zeichneten alle mit Begeisterung und ziemlich gut. Es hatte also nie daran gelegen, dass sie nicht zeichnen konnten. Was sie blockiert hatte, war meine Anleitung, *irgendetwas* zu zeichnen, *egal was*. Man musste ihnen sagen, *was* sie zeichnen sollten. Die Kinder hatten keine Schwierigkeiten, sich auszudrücken, sich etwas vorzustellen, etwas zu erschaffen, aber sie hatten nie wählen können, nie so viel Freiheit gehabt.

Ich tauschte mich darüber mit Lehrern und anderen Leuten aus, und sie stimmten alle zu, dass die Kultur, die Art und Weise, wie die Menschen gelebt hatten, nicht viele Wahlmöglichkeiten bot, so dass die so offene Anweisung, irgendetwas zu zeichnen, den Kindern ziemlich unsinnig vorkommen musste, vielleicht sogar beängstigend.

Ich kann zwischen Karotten und Tomaten wählen, wenn beide Gemüse auf einem Teller vor mir liegen. Aber wenn es nur *ein* Gemüse gibt, und ich aus Erfahrung weiß, dass dies *alles* ist, was es gibt, wäre es töricht von mir, zu sagen, was ich denn lieber hätte. Ich nehme, was es gibt.

Nun verstand ich auch die Blicke, die wir als Antwort auf einige der Fragen, die wir in der Umfrage stellten, erhalten hatten. Den Leuten waren solche Fragen noch nie gestellt worden. Sie hatten nie darüber nachgedacht, was sie eigentlich lieber täten. Sie taten, was immer es gerade zu tun gab. Weil die Leute im Treffen einer Wahl nicht geübt waren, gehörte das Wählen einer imaginären Alternative einfach nicht zu ihrem Erfahrungsschatz.

Die Umfrage entwickelte sich zu einem größeren Projekt, als ich es vorgesehen hatte. Ich musste Fragen überdenken, die reine Routine gewesen wären, wenn wir die Umfrage in einem westlichen Land durchgeführt hätten. Aber dies war kein westliches Land.

Wir konnten die Leute also nicht mehr fragen, was sie denn lieber täten. Stattdessen lasen wir ihnen kurze Geschichten vor, mit der Idee dahinter, dass sie uns, indem sie sich mit den Menschen in der Geschichte identifizierten, erzählen würden, welche Wahl diese Menschen ihrer Ansicht nach treffen würden. Nach einigen Testläufen schien dies ziemlich gut zu funktionieren.

Am Ende, als wir die Fragen mehrmals umgeschrieben hatten und dachten, wir besäßen nun gute, zuverlässige Informationen, und als wir diese Informationen vorwärts und rückwärts analysiert hatten, wurde mir bewusst, dass die Fragen, die *ich mir selbst gestellt* hatte, die falschen waren. Ich hatte Annahmen in Bezug auf das Verhalten von Menschen getroffen, die in einer westlichen Gesellschaft folgerichtig waren, aber im Surinam jener Zeit keinen Sinn ergaben.

Natürlich waren die Bewohner von Surinam nicht faul – weit gefehlt. Sie opferten ihre Zeit und ihr Geld, um Fernkurse zu besuchen. Zwar hatten die Kurse oft keine Relevanz für ihren Job, aber sie nahmen ja auch nicht daran teil, um neue oder bessere Arbeitsqualifikationen zu erwerben.

Ich hatte angenommen, dass die Angestellten so dachten wie die westlichen Menschen: je besser man eine Arbeit ausführt, desto mehr wird man verdienen. Deshalb ist es von Vorteil, Dinge zu lernen, die einem helfen, die Arbeit besser zu machen. Ich ging davon aus, dass die Menschen überall so über ihre Arbeit dachten. Diese Annahmen sind in unserer Gesellschaft so grundlegend, dass wir uns ihrer nicht einmal bewusst sind. Im damaligen Surinam drückte sich der Wert des Einzelnen nicht in dem aus, was er tat, oder darin, wie gut er es tat, sondern darin, dass er ein besserer Mensch wurde.

Die meisten Familien, die wir kannten, wollten, dass ihre Kinder gebildetere Menschen wurden. Sie hatten nicht gelernt, dass es sich in der westlichen Welt nicht auszahlte, eine gute Allgemeinbildung zu erwerben, sondern dass es wichtig war, sich in einem bestimmten Job weiterzubilden. Jemand sagte mir: »Es ist nicht so sehr das, was du besitzt (Ausbildung, Fähigkeiten oder sogar Geld), das dich auszeichnet, sondern *wer* du bist (ein guter Mensch).«

In einer Stammesgesellschaft beruht der Selbstwert auf der Stammeszugehörigkeit und nicht auf den individuellen Fähigkeiten und Kompetenzen. In Surinam wussten die Regierungsangestellten natürlich, dass sie nicht mehr in einer Stammesgesellschaft lebten, aber sie hatten das Gefühl, dass sie nun der Regierung angehörten. Sie waren stolz, zu der Regierung, die sie PAPA GOVN'MEN nannten, zu gehören. Zu einem so angesehenen Stamm zu gehören, erfüllte sie mit Stolz. Und um ihren Stolz und ihre Wertschätzung zu zeigen, erwarben sie durch Fernkurse Bildung. Es machte den Stamm stolz, wenn man sich weiter entwickelte.

Die Leute zogen nicht in Betracht, dass es einen Arbeitgeber vielleicht gar nicht kümmerte, ob man gebildeter wurde. Der Arbeitgeber war daran interessiert, einen besser qualifizierten Mitarbeitenden zu beschäftigen, oder einen ehrgeizigeren Angestellten, der vielleicht seine Arbeitsqualifikationen verbessern wollte.

Die Erwartungen der Arbeitgeber und Arbeitnehmer unterschieden sich stark. Die Arbeitgeber murrten, weil die Angestellten faul waren oder, wie sie sagten, ohne Ehrgeiz. Doch das Verhalten, das sie für Faulheit und fehlenden Ehrgeiz hielten, wurzelte im Stammesdenken. Die Arbeitgeber dachten wie die westliche Gesellschaft. Sie lebten in einer Realität, der westlichen. Die Arbeitnehmer lebten in einer ganz anderen Realität: der Realität der Stammesangehörigen.

Einige Jahre später traf ich einen sehr kultivierten Universitätsprofessor aus Guyana, dem Nachbarland von Surinam. Er war verbittert und ging mit den Kolonialisten hart ins Gericht:

»Ihre Kultur ist darauf ausgelegt, uns (den Kolonialisierten) einzutrichtern, dass sie (die Kolonialisten) besser sind als wir. Sie erzählen uns, dass wir uns bemühen sollen, so zu werden wie sie, eine *vornehme* Gesellschaft. Aber wir können nicht *Damen und Herren* werden. Wir werden immer weniger sein.«

Er sprach ein perfektes, reines BBC-Englisch. Hätte man seine braune Haut nicht gesehen, man hätte sicher gedacht, er sei ein vornehmer Herr oder so was ähnliches.

Auch die Surinamer fühlten sich unterlegen und glaubten wohl, sie könnten sich den Zugang zur zivilisierten Welt durch Bildung erkaufen.

Ich erkannte, dass ich weder davon ausgehen kann zu wissen, was die Leute antreibt, noch verallgemeinernde Schlüsse ziehen kann, wie Menschen wirklich sind, solange ich nicht sozusagen in ihrer Haut stecke.

Ich entschuldigte mich bei den Kindern mit den ausdruckslosen Gesichtern, die ich bat, *irgendetwas, egal was,* zu zeichnen. Sie hatten nicht gelernt, eine Wahl zu treffen. Sie mussten nie wählen – es gab in ihrem Leben kaum Wahlmöglichkeiten.

ETWAS ZEICHNEN, EGAL WAS

Von einer Welt, in der es kaum Wahlfreiheit gibt, zu einer Welt wie der unsrigen, mit viel zu vielen Alternativen, die sich uns jeden Tag neu auftun, ist es ein weiter Weg. Wählen hat bei unserem westlichen Lebensstil eine zentrale Bedeutung erhalten. Wir können nichts tun und nirgendwo hingehen, ohne dass wir eine Wahl treffen müssen. Was soll ich anziehen? Was will ich zum Frühstück essen? Schon von Beginn an lehren wir unsere Kleinkinder, aus einer Fülle von Spielzeugen auszuwählen.

Mir ist erst nach langer Zeit bewusst geworden, dass die Möglichkeit, eine Wahl zu treffen, in unserer Welt überbewertet ist und viel Frustration verursacht. Ob ich dieses oder jenes Produkt kaufe, spielt für mich persönlich keine Rolle, wichtiger ist mir, bei gesundem Verstand zu bleiben. Bei bedeutsamen Entscheidungen habe ich gelernt, meiner Intuition, meinen Träumen und einem *Gefühl* zu vertrauen, das mir sagt, ich solle mich eher hierhin als dorthin wenden.

Wir haben eine Gesellschaft erschaffen, die uns pausenlos vor die Wahl stellt. Wir müssen eine Dienstleistung wählen: einen Arzt, einen Anwalt, einen Klempner. Wer ist nicht schon einmal in eine neue Stadt gezogen und musste nachts einen Arzt suchen? Oder hat sich den Kopf zermartert, welchen Elektriker oder Schreiner er im Notfall ruft? Wie wählen wir einen Beruf? Welche Kriterien wenden wir für die Partnerwahl an? Wie entscheiden wir uns für eine Religion?

Wählen ist zum Inbegriff für unsere westliche Gesellschaft geworden. Die meisten anderen Völker dieser Welt haben wenige oder gar keine Wahlmöglichkeiten. Leben ist, was vor einem liegt.

Und was tun wir mit den neuen Wahlmöglichkeiten, den Alternativen, die unseren Eltern noch nicht offenstanden? Wie eine Schwangerschaft verhindert wird, weiß man seit jeher, und heutzutage können wir sogar die Anzahl Kinder bestimmen, die wir haben möchten, aber müssen wir uns nun auch für das Geschlecht unseres Kindes entscheiden? Wollen wir einen Fötus abtreiben, von dem bekannt ist, dass er das Down-Syndrom-Gen besitzt? Dies sind Entscheidungen, von denen sich unsere Eltern noch nicht einmal im Traum vorstellen konnten, dass sie je wichtig werden würden. Unseren Vorfahren wären diese Wahlmöglichkeiten sündhaft oder vermessen vorgekommen.

Wie entscheiden wir, wer leben soll? Die moderne medizinische Technik kann einen Körper in einer Situation, wo er noch vor zehn oder zwanzig Jahren eines natürlichen Todes gestorben wäre, weit länger am Leben erhalten. Einen Körper mit Hilfe von Maschinen und Menschen, die diese Maschinen bedienen, am Leben zu erhalten, ist jedoch teuer. Es kostet weit mehr, als die meisten von uns sich leisten können – und oft mehr, als die Versicherungsgesellschaften zu zahlen bereit sind. Erwarten wir, dass die Gesellschaft für Maschinen zahlt, damit ein Körper weiter atmen kann? Die Gesellschaft kann nicht mehr so tief in die Tasche greifen. Wie muss sie entscheiden, wer weiteratmen soll und wem es gestattet ist, eines natürlichen Todes zu sterben? Sollen die Ärzte entscheiden?

Es gibt so viele Wahlmöglichkeiten und so viele Alternativen zu allem, was wir tun oder wollen, dass wir lernen mussten, dass es manchmal die beste Wahl ist, überhaupt keine Wahl zu treffen.

Wir wollen vielleicht keinen Arzt wählen, keinen Anwalt und keinen Klempner oder kein neues Kleid und keine andere Berufslaufbahn. Wir wollen vielleicht dem Glück trauen oder allem, was uns über den Weg läuft. Oder wir wollen aus dem auswählen, was uns zur Verfügung steht und ein bestimmtes Budget nicht überschreitet, oder aus dem, was es in unserer Nachbarschaft alles gibt, oder überhaupt nur an Tagen, an denen wir uns danach fühlen.

Unsere Welt ist zu einer Welt chaotischen Überflusses geworden, und so sind wir gestresst. Es ist vor allem die überwältigende Zahl an Alternativen, die Stress verursacht, aber auch die Tatsache, dass wir keine Zeit hatten, ethische Grundsätze zu entwickeln, die uns helfen zu entscheiden. Das Tempo, mit dem wir uns in neue Technologien und neue Ideen stürzen, ohne Zeit zu haben, die Konsequenzen zu überdenken, macht das Entscheiden schier unmöglich. Wie können wir uns eine Meinung über etwas gebildet haben, was es gestern noch gar nicht gab?

Doch wollen wir wirklich, dass Experten uns die Entscheidungen abnehmen?

Wir trauen dem Rat der Experten nicht mehr so recht. Zu oft schon haben wir nach zehn oder zwanzig Jahren herausgefunden, dass die Experten doch nicht mehr Erfahrung hatten als wir selbst, dass auch sie die Spätfolgen eines neuen Medikamentes oder eines neuen chemischen Schädlingsbekämpfungsmittels oder einer neuen Form der Energiegewinnung nicht abschätzen konnten. Wir zweifeln mehr und mehr an den Experten und misstrauen Autoritäten und all jenen, die für sich in Anspruch nehmen, dass sie am besten wissen, was gut für uns ist.

Diesen irren Tanz nennen wir *Freiheit.* Wir sind stolz darauf, eine Gesellschaft von freien Menschen zu sein. Was für uns bedeutet, dass wir Menschen sind, die Wahlfreiheit haben, Menschen, die in Tat und Wahrheit wählen *müssen* – endlos, den ganzen Tag lang. Und wir müssen uns so oft für Möglichkeiten entscheiden, die so frisch sind, dass wir noch nicht einmal die Zeit hatten, uns deren Konsequenzen überhaupt vorzustellen. Wenn wir wählen, tappen wir im Dunkeln.

Es ist noch nicht lange her, dass die Menschen – fast alle Menschen – nur wenige Wahlmöglichkeiten hatten.

Vor einer Million Jahren musste ich nicht entscheiden, was ich esse. Ich aß, was ich finden oder fangen konnte. Ich musste nicht wählen, wen ich heiratete oder wo ich lebte oder wie viele Kinder ich hatte.

Noch vor wenigen hundert Jahren verbrachte ich – fast überall auf der Erde, außer vielleicht in Westeuropa – das Leben dort, wo ich auf die Welt gekommen war, zusammen mit meinen Stammesangehörigen. Ich übte den Beruf meines Vaters aus oder vielleicht denjenigen eines Onkels mütterlicherseits. Ich aß, was jedermann aß, wohl einfach das, was es gerade gab. Ich trug, was alle trugen. Ich gehörte der Religion meiner Ahnen an. Ich starb und wurde im gleichen Friedhof beerdigt, auf dem auch meine Eltern und deren Eltern beerdigt wurden, oder ich wurde eingeäschert, so wie sie eingeäschert worden waren. Ich hatte nicht viel Wahl.

Wie viel einfacher war das Leben doch, als wir einen Barden hatten, der Lieder sang, die er kannte und die auch wir kannten. Wie viel einfacher, als wir eine Heilerin in unserem Dorf hatten, und sie nicht erwartete, dass *ich* ihr sagte, was mit mir los war, weil sie es bereits wusste. Ich musste sie nicht bezahlen, auch wenn sie oft zur Wintersonnenwende ein Geschenk erwartete. Wenn das Dach undicht war, halfen Nachbarn, es zu reparieren. Die abgetragenen Schuhsohlen flickte der Dorfschuhmeister. Wir aßen, was die Jahreszeit hervorbrachte. Wir tauschten vielleicht Eier gegen Gemüse, oder Milch gegen einen Wollpullover.

Keine schlechte Zeit, alles in allem. Eine Zeit, in der die größte Entscheidung vielleicht darin bestand, ob jetzt oder später der richtige Zeitpunkt sei, mich auf eine Visionssuche zu begeben.

Heute begeben wir uns während eines Wochenendes auf Visionssuche. Wir machen eine schamanistische Ausbildung in einem zweitägigen Workshop, der alle paar Wochen für andere wiederholt wird, die lernen wollen, was immer gerade dieser Lehrer über Schamanismus zu erzählen hat. Es gibt hundert andere, die uns etwas anderes darüber lehren werden, was *sie* denken, das Schamanismus sei. Es gibt zweifelsohne ganze Kataloge, welche die verschiedenen schamanistischen Traditionen auflisten, die wir lernen können.

Diese große Zahl an Alternativen führt bloß dazu, dass wir sie alle abwerten.

Der Gedanke, wir müssten aus einem Chaos von Produkten und Dienstleistungen auswählen, verursacht in unserem Leben in der westlichen Welt enormen Stress. Doch geht meines Erachtens die Rechnung mit all den Produkten und Dienstleistungen nicht mehr so richtig auf. Wir sind viel zu sehr in Eile, um noch Zeit zu haben, uns um die Konsequenzen unserer Entscheidungen zu kümmern, wir scheffeln Geld, erfinden neue Geräte, inszenieren neue Moden, machen alles neu. Wir gefährden damit sogar unsere Existenz auf diesem Planeten – denn in unserer Hast haben wir in der Vergangenheit schlechte Entscheidungen getroffen und tun dies auch weiterhin.

Stress ist der Preis, den wir für den Überfluss zahlen – ein Überfluss, der am Ende doch nicht mehr bedeutet als eine Flut von Wahlmöglichkeiten, die immer mehr an Bedeutung verlieren.

Wenn mich jemand heute darum bäte, etwas zu zeichnen, egal was, würde auch ich mit ausdruckslosem Blick ins Leere starren.

Zu viel Auswahl.

BALI UND DER BARONG

»Was ist das Leben?«, fragte jemand mich unlängst, und ich gab zur Antwort: »In einem reißenden Strom von einer Eisscholle zur nächsten zu springen«.

Ich denke mir das Leben als einen Balance-Akt in einer sich ständig verändernden Umwelt. Wenn wir schnell und agil sind, gelingt es uns, aufrecht zu bleiben, indem wir im richtigen Moment auf die nächste Eisscholle springen, wenn nämlich die Eisscholle, auf der wir gerade stehen, kippt oder unter uns wegbricht. Manchmal fallen wir auch in das eisige Wasser und müssen uns dann wieder auf die nächste Scholle hochhieven und weitermachen. Und währenddessen fließt der Fluss die ganze Zeit einfach ruhig weiter ins Unbekannte.

Das Bild der treibenden Eisschollen stammt von mir, doch die *Idee* habe ich den Balinesen entlehnt. Aus ihrer Sicht ist nichts in der Welt – und nichts im ganzen Universum – beständig. Man weiß nie, was als nächstes geschehen wird.

In jedem Dorf der indonesischen Insel Bali findet zweimal im Monat, jeweils bei Vollmond und bei Neumond, eine Zeremonie statt, welche die Leute aus dem Westen Tanz nennen. Die Dorfbewohner versammeln sich, kurz bevor es dunkel wird, auf dem Dorfplatz. Kinder, Hunde und Hühner streunen hier und dort herum. Am Ende des Dorfplatzes stehen zwei aufgerichtete, oft kunstvoll mit Schnitzereien versehene Steinblöcke, die ein Tor bilden. Plötzlich erklingt ein schrecklicher Schrei, und im Torbogen erscheint eine furchterregende Gestalt: eine kreischende, alte Hexe mit einer fürchterlichen Maske und Brüsten aus schwarz-weiß gestreiftem Stoff, die bis auf die Knie herunterhängen, und mit einer Zunge, die zwischen ihren Brüsten baumelt und aussieht, als würde sie in Flammen stehen.

Das ist Rangda, die oberste Hexe (LEYAK), die mit allen Arten von Unglück in Verbindung gebracht wird (und wohl mit der indischen Kali verwandt ist). Manchmal hat sie noch ein oder zwei Gehilfinnen bei sich, die den Tumult anheizen. In größeren Dörfern gehen diese mit ihrem Geheul Rangda voraus.

Die Dorfbewohner werden ruhiger, aber sie haben dies schon sehr oft zu Gesicht bekommen. Rangda, die zweimal im Monat zu Besuch kommt, ist eine vertraute Erscheinung. Sie geht um den Dorfplatz herum, droht, flucht, schreit und verhöhnt die Dorfbewohner: »Gibt es denn niemanden in diesem verdammten Dorf, der sein Zuhause vor mir verteidigen will?« Zuerst betritt einer, dann mehrere junge Männer (und auch einige nicht mehr so junge) den Platz. Sie zücken ihre KRIS (Dolche mit ausnehmend scharfen, gewellten Klingen) und richten sie gegen Rangda. Und ob sie ihr Dorf verteidigen werden! Diese kreischende Erscheinung und die Katastrophen, deren Schatten sie vorauswirft, abzuwehren, das ist eine ernste Herausforderung.

Nun steht Rangda aufrecht da, vielleicht auf den Stufen des Tores, und zeigt mit all ihren Fingern, die mit zwölf Zentimeter langen, gekrümmten Nägeln versehen sind, auf die Männer ihr gegenüber. Man kann sich gut vorstellen, dass eine Kraft die Männer zurückstößt. Sie ist fast mit Händen zu greifen, schwillt an, ebbt wieder ab. Einmal erlaubt sie den Männern näher an Rangda heranzukommen, dann wieder stößt sie sie buchstäblich zurück. Die Dorfbewohner sind nun hellwach und beobachten den Kampf, der sich vor ihren Augen abspielt.

Dies alles ist echt. Es ist kein Tanz, auch wenn es nach einer Choreographie aussieht. Die Kraft, welche die Männer beherrscht, ist nur zu real. Die Dorfbewohner schauen gebannt hin – auch wenn die Handlung sich jedes Mal wieder wie gewohnt abspielt, ist der Ausgang doch immer ungewiss.

All die Male, die ich den BARONG, wie sich diese Zeremonie nennt, miterlebt habe, hat sich dann folgendes zugetragen: Rangda wird stärker, in der Tat so stark, dass sie die Männer dazu bringen kann, die Dolche gegen sich selbst zu richten. Sie zwingt sie, ihre Handgelenke zu drehen, so dass der Kris sich nun gegen die eigene Brust wendet (die natürlich entblößt ist – Bali befindet sich fast am Äquator). Die Spitze des Kris bohrt sich in die Brust, ritzt sie aber in der Regel nicht auf, obwohl diese Dolche ausgesprochen scharf sind.

Die Männer mobilisieren sichtlich ihre letzten Kräfte, um zu verhindern, dass sie sich selbst mit dem Kris verletzen. Sie stehen unter größter Anspannung, ihre Muskeln zittern, Schweiß rinnt über ihre Gesichter und am Körper entlang. Die einen sagen, Rangda versetze die Männer in Trance und deshalb würden sie ihre Dolche gegen sich selbst richten, andere wiederum sagen, dass man während des Kampfes gegen Rangda nur überleben kann, wenn man sich selbst in Trance versetzt.

Diese Männer sind offensichtlich in einer tiefen Trance, doch nicht in jener entspannten Trance, die wir im Westen kennen. In diesem Trancezustand torkelt jeder von ihnen herum, weit nach hinten gebeugt, gegen den Kris ankämpfend, welcher augenscheinlich die Brust seines Besitzers durchbohren will. Dies ist ein hartes Stück Arbeit. Wenn alles vorbei ist, sind die Männer völlig erschöpft. Sich zu erholen, hat man mir gesagt, dauere mindestens einen Tag.

Der Kampf gegen den Kris geht solange weiter, bis die Männer früher oder später am Ende ihrer Kräfte sind, und der Schutzgeist des Dorfes den Platz betritt. Es ist der BARONG: ein wundervolles Monster, ein Fabelwesen mit einem riesigen, geschnitzten Kopf. Er gibt dieser Zeremonie den Namen. Der Barong ist groß; um das heilige Bild zu tragen, sind zwei Männer vonnöten. Der Vordermann befindet sich im Inneren des riesigen Kopfes und schwingt ihn von einer Seite zur anderen; der hintere Mann steckt im Inneren des restlichen, kunstvoll verzierten Tiergewandes.

Der Barong ist ein Beschützer. Er macht die Runde und erweckt die Männer, die am Boden liegen, wieder zum Leben. Manchmal, wenn Rangda besonders stark ist, fallen fast alle Männer in Ohnmacht.

Priester und andere Helfer bieten den Männern, die darum ringen, aus der Trance herauszukommen, einen Schluck heiligen Wassers an. Der Barong kämpft nicht, aber er beschützt die Männer davor, sich zu verletzen, wenn sie drauf und dran sind, sich selbst zu erdolchen. Er stärkt die Fähigkeit der Männer, Rangda zu trotzen.

Wenn die Männer wieder etwas Kraft schöpfen und Rangda die ihre verliert, wendet sich der Kampf. Die wenigen Männer, denen noch etwas Energie bleibt, jagen die Hexe zurück durch das Tor, und das Dorf ist für zwei Wochen wieder sicher.

Dieses Ereignis dauert viele Stunden, manchmal die ganze Nacht hindurch. Es ist auf keinen Fall eine Aufführung, ein Trancetanz, wie einige Reiseführer es nennen, sondern eine Zeremonie. Das Geschehen ist nur allzu real. Es gibt Zeiten, wo Rangda den Sieg davonträgt und die Männer ihren Einzug ins Dorf nicht verhindern können. Wenn dies geschieht, lassen Erdbeben den Boden erzittern, Vulkane brechen aus, Epidemien wüten, und es geschehen viele andere schreckliche Dinge, sagen die Balinesen.

Es ist wichtig, in Erinnerung zu behalten, dass niemand je weiß, was am Ende des Barong passiert. Ein Tanz ist eine stilisierte Geschichte und meist wissen wir, wie sie endet. Aber der Ausgang des Barong kann nicht vorausgesagt werden. Ich konnte diesem Tanz mehrere Male beiwohnen und bin davon überzeugt. Es handelt sich augenfällig um einen Kampf, der auf einer anderen Ebene ausgetragen wird. Es ist ein Kampf von Gut und Böse, der fast mit Händen greifbar ist. Doch dies ist eine westliche und stark vereinfachte Sicht der Dinge. Die Barong-Zeremonie handelt nicht von diesen gegensätzlichen Mächten. Rangda ist die spirituelle Kraft der Zerstörung, Barong ist die Schutzmacht, und die Menschen stellen den Überlebensgeist, das Wachstum, die Lebenskraft dar. Zweimal im Monat erproben diese Mächte aneinander ihre Stärken und ihre Schwächen. Es ist kein Tanz, sondern eine Kraftprobe.

Der Barong zeigt, wie die Balinesen das Leben sehen. Für sie ist das Universum, der Kosmos (und zwar der physische und der spirituelle Kosmos, die sich für die Balinesen widerspiegeln) nicht wohlgeordnet. Die westliche Vorstellung, das Universum sei gesetzmäßig, und wir könnten, wenn wir die Regeln, Zyklen und Gesetzmäßigkeiten kennen, die Zukunft voraussagen, ist ihnen unverständlich. Die Balinesen sagen, der Kosmos sei unfassbar, unvorhersehbar und verändere sich nicht nach Regeln oder Gesetzen der Menschen und nicht einmal nach jenen der Götter.

Dies bedeutet, dass wir immer nur im Hier und Jetzt leben können – es ist alles, was es gibt. Und wir müssen jederzeit bereit sein, mit den Veränderungen mitzugehen, die unausweichlich mit der Welt und mit uns geschehen werden.

ANDERE WIRKLICHKEITEN

Ich war damit betraut, als Vorhut eines Umfrageteams in die Dörfer zu reisen und die Bewohner vorzubereiten. In Kuala Lumpur, der Hauptstadt von Malaysia, hatten sich wichtige Leute über Landkarten und demographische Daten gebückt und entschieden, dieses und jenes Dorf bilde einen repräsentativen Ausschnitt der Bevölkerung. Die ausgewählten Dörfer mussten zudem ans Straßennetz angeschlossen sein, und es sollte sich in der Nähe ein Gästehaus befinden – schließlich bestand das Umfrageteam aus mehr als zwanzig Leuten, viele davon Ausländer und bedeutende Mediziner.

Mir war diese Arbeit zugeteilt worden, weil ich mich mit der Umfrage auskannte und weil ich der Sprache mächtig war. Ich war ein gut ausgebildeter (aber amerikanisch ausgebildeter) Psychologe mit anthropologischen Interessen, und obwohl ich einige Kurse in Ernährungslehre absolviert hatte, war ich jedoch weder ein Ernährungswissenschaftler noch ein Arzt. So konnte ich natürlich bei der Umfrage nicht richtig mitarbeiten. Aber ich konnte Malaiisch sprechen.

Die Umfrage sollte den Ernährungszustand der Bevölkerung erheben. Nachdem man Interviews durchgeführt, Blut- und Urinproben genommen, Labortests gemacht, Fragebogen analysiert, Lebensmittelproben chemisch aufgeschlüsselt und gemessen hatte, sollten die Umfrageresultate Grundlagendaten über die Ernährungsweise und den Gesundheitszustand der Bevölkerung liefern.

Aus lokalpolitischen Gründen wurde nur eine ethnische Gruppe, nämlich die Malaien, untersucht. Zwei andere Gruppen, die zusammen etwas weniger als die Hälfte der Landesbevölkerung ausmachten, wurden nicht mit eingeschlossen, vielleicht weil nicht allen von ihnen das Stimmrecht erteilt worden war, als das Land einige Jahre zuvor die Unabhängigkeit erlangt hatte.

Moderne, wissenschaftliche Geräte und Zubehör – eine ganze Flugzeugladung voll – waren von den Vereinigten Staaten aus gesandt worden. Natürlich wäre mindestens die Hälfte dieser Dinge auf jeden Fall auch im Land erhältlich gewesen und hätte viel weniger gekostet, als man für den Transport bezahlt hatte. Aber es sei günstiger gewesen, sagten die Leute, welche die Umfrage organisierten, eine Ausrüstung zu senden, welche standardmäßig für jene Länder zusammengestellt worden war, die damals unter die Kategorie ›Entwicklungsländer‹ fielen und woraus man ableitete, dass es weder ortsansässige Wissenschaftler gab noch Ärzte, Ernährungsberater, Laborgeräte und so fort. Malaysia – auf vielerlei Weise reich an Ressourcen – besaß ein hervorragendes, weltberühmtes Zentrum für Ernährungswissenschaft, dessen Studien über Ernährungsmangel für Forscher auf der ganzen Welt den wissenschaftlichen Maßstab setzten. Doch offensichtlich hatte irgendwo irgendjemand bürokratisch entschieden, es komme billiger, überflüssiges Material zu senden, darunter auch Maschinen, die mit 120 Volt betrieben wurden, auch wenn im Land 220 Volt Standard waren.

Das erste Dorf befand sich, soweit ich mich erinnere, an der Westküste – eine Gemeinde, die eine gute Kulisse für einen Film von Dorothy Lamour abgegeben hätte. Ich wusste natürlich, dass ich nicht einfach hereinplatzen und den Leuten erzählen konnte, sie seien ausgewählt worden, um an einer landesweiten Umfrage teilzunehmen. Ich musste mich mit ihnen hinsetzen und sie kennenlernen oder, noch wichtiger, erreichen, dass sie mich kennenlernten.

Doch diese Rechnung ging leider nicht auf. Für meinen Besuch waren nur wenige Tage eingeplant, und dann sollte ich weiter in das nächste Dorf. Das Umfrageteam würde mir dichtauf, genau gemäß Zeitplan, folgen; die Hälfte der Gruppe kam aus den Vereinigten Staaten und diese Teammitglieder konnten ihren wichtigen Positionen zu Hause nur wenige Wochen fernbleiben. Dies war eine moderne Umfrage, mit teuren Geräten und teuren Leuten; der Terminplan musste strikt eingehalten werden. Für Feinheiten blieb mir keine Zeit.

Für die Dorfbewohner war die Durchführung einer Umfrage eine sehr seltsame Idee. Weil die zehn amerikanischen Ärzte im Team die Landessprache nicht beherrschten, assistierten ihnen malaysische Ärzte und andere Helfer, die als Übersetzer dienten. Der Fragebogen war standardisiert und, so sagte man mir, in vielen Ländern erfolgreich erprobt worden. Der Befragung folgte eine kurze Leibesuntersuchung bei all jenen Dorfbewohnern, die sich zur Verfügung gestellt hatten. Weiter war geplant, jede fünfte Person zu bitten, einen Urintest zu machen, und jede zehnte Person zu einer Blutspende aufzufordern.

Nach dem Besuch beim Dorfoberhaupt erklärte ich den Bewohnern, so gut ich es vermochte, den Zweck der Umfrage. Blut war nicht etwas, was man weggab, sagten mir die Leute. Schließlich war Blut etwas, das einen am Leben erhielt. Wieso sollte man also einem Fremden Blut geben? Es sei nur eine kleine Menge, sagte ich ihnen. Sie schüttelten den Kopf über dieses neue Beispiel dafür, wie unbegreiflich und töricht die Weißen doch handelten.

Noch seltsamer erschien ihnen die Idee der Stichproben. Wie konnten ihre Antworten die ganze Landesbevölkerung repräsentieren? Dies schien nicht möglich – waren sie etwa in diesem Dorf nicht einzigartig? Sie wussten gut, dass sogar die Menschen des Nachbardorfes *ziemlich* anders waren als sie selbst. All dies war jedoch so seltsam, dass sie nicht groß widersprachen.

Einige Leute fragten, *zu welchem Zweck sie denn Urin und Blut geben sollten*? Gab es dafür irgendeine Belohnung? Würden die zwanzig Ärzte dann in der Lage sein, sie zu behandeln, würden sie ihnen vielleicht Medikamente geben oder medizinischen Rat?

Nein, sicher nicht! Ich war instruiert worden, deutlich zu machen, dass die Freiwilligen nicht bezahlt würden und dass sie *keinen* ärztlichen Rat und *keine* Behandlung erhalten würden – die amerikanischen Ärzte im Team besaßen keine Lizenz, um in Malaysia zu praktizieren, und die malaysischen Ärzte würden zu beschäftig sein. Wir forderten die Dorfbewohner auf, dass sie um der Wissenschaft willen teilnahmen, oder vielleicht, um ihrem Land zu dienen.

Schließlich gab es keine Fragen mehr. Ich wusste, dass ich niemanden überzeugt hatte, aber sie waren zu höflich, um weiter zu insistieren. Es waren vernünftige, freundliche, hilfsbereite Menschen und sie würden abwarten und schauen, was geschehen würde. Das mysteriöse Team, das da zu Besuch kommen sollte, könnte vielleicht sogar unterhaltsam sein.

Während dieser Tage sprach ich mit vielen Menschen. Ich wiederholte mich, auch wenn ich immer wieder anders zu erklären versuchte, worum es bei der Studie ging und wieso es für die Regierung wichtig sei zu wissen, wie gesund die Bevölkerung und ob ihre Ernährung angemessen sei. Ich bezweifle, ob jemand den Zweck eines solchen Unterfangens verstand, aber die Leute waren vernünftig genug, sich nicht mit einem weißen Mann anzulegen, der mit einem Regierungswagen und einem malaiischen Fahrer in ihr KAMPONG (Dorf) kam. Zudem waren sie neugierig. Ich besaß offensichtlich eine gewisse Autorität; ich sprach für die Regierung und so würde es schon seine Richtigkeit haben.

Das Dorfoberhaupt sagte mir, einige Leute müssten natürlich arbeiten – sie würden aufs Feld gehen oder tun, was immer gerade getan werden musste – und so könnten diese Leute nicht teilnehmen. Aber die Menschen, die nicht arbeiten mussten, würden mitmachen. Ich sagte mir, es läge nicht in meiner Verantwortung, mir bezüglich der Stichproben Sorgen zu machen.

Das Team kam in achtzehn Land-Rovern angefahren. Sie installierten sich im Gemeindezentrum des Dorfes, einem weiten offenen Raum, mit einem Boden, einem Dach, aber ohne Wände. Mit Tüchern baute man improvisierte Untersuchungsräume.

Den Teamleiter störte es, wenn die Dorfkinder uns umdrängten, unter den Tüchern hindurch spähten oder auf die Bäume kletterten, um über die Tücher zu äugen, und versuchten, zu erfahren, was da los war. Er befahl mir, die Kinder fernzuhalten. Ich gab ihm zu bedenken, dass seine Kinder, wenn ein Team von Asiaten in seine Heimatstadt käme, genauso neugierig wären.

Er schaute mich verächtlich an und posaunte, seine Heimatstadt würde Asiaten nicht einmal hineinlassen – darauf könne ich Gift nehmen. »Schaffen Sie mir diese Leute vom Hals«, sagte er wieder.

Das konnte ich natürlich nicht. Ich versuchte es auch nicht. Schließlich konnte das Team ohne größere Störungen mit der Arbeit beginnen. Die Leute standen in langen Schlangen und warteten geduldig, bis sie an die Reihe kamen.

Den restlichen Tag hatte ich frei. Ich konnte nach Lust und Laune durch das Dorf schlendern. Es war ruhig, die meisten hatten sich um den Ort der Befragung versammelt. Ich sprach mit einigen Leuten, die ich tags zuvor kennengelernt hatte. Jemand bot mir eine Tasse Tee an. Ich konnte mich entspannen, jetzt, wo der eher leidvolle Versuch, unser Vorhaben zu erklären, hinter mir lag.

Am Nachmittag, zur heißesten Tageszeit, wenn alle irgendwo Schatten suchten, saß ich auf den Treppen eines Hauses. Jemand sagte, drinnen befände sich eine sehr kranke Frau.

»Ja«, bestätigten die wenigen Dorfbewohner, die herumstanden, und sie nickten wissend: »Sie ist sehr krank. Sie ist seit langem krank und wir denken, dass sie bald sterben wird.«

Ohne groß zu überlegen, bat ich darum, hineingehen zu dürfen. Eine Frau lag auf einer Matte in einer dunklen Ecke des Hauses. Der Geruch von Krankheit umgab sie. Sie war abgemagert, hatte aber einen enorm aufgeblähten Unterleib. Ich bin *kein* Arzt, aber ich dachte, es handle sich vielleicht um eine Eierstockzyste.

Die Frau konnte kaum sprechen, oder vielleicht war sie auch zu schüchtern, um mit einem Fremden zu sprechen – und dann noch mit einem weißen Mann. Ich sagte ihr, sie müsse so schnell wie möglich in ein Krankenhaus; dort könne man ihr helfen. Ich erwähnte vielleicht, im Krankenhaus würde man sie operieren. Die Frau versuchte zu lächeln. Ihre Kinder, vielleicht acht und zehn

Jahre alt, kamen herein und schauten mich mit großen Augen an. Sie sagten nichts.

Ich ging wieder nach draußen und sagte: »Wer kann zu dieser Frau sprechen? Sie scheint nicht zu verstehen. Sie ist sehr, sehr krank und muss sofort ins Krankenhaus.«

Zuerst gab niemand Antwort, dann sprach ein junger Mann und sagte, nur ihr Ehemann – oder vielleicht ihr Bruder – könne bestimmen, ob sie ins Krankenhaus gehen solle. Und auch wenn sie nicht viele Worte machten, so gaben sie mir doch mit asiatischer Höflichkeit zu verstehen, dass es *mich* sicher nichts anginge.

»Gut, dann holt bitte den Ehemann oder den Bruder oder wen immer ich davon überzeugen muss, dass sie ins Krankenhaus gebracht werden muss.«

Ich war entschlossen, mich nicht von meiner guten Tat abbringen zu lassen. Vielleicht hatte ich auch das Gefühl, wenn ich dieser Frau helfen würde, wäre es mir wohler dabei, ein Kundschafter für die Umfrage zu sein.

Mittlerweile hatte sich eine kleine Gruppe von Leuten vor dem Haus versammelt. Ich erzählte ihnen, ich würde die Frau mit einem unserer Autos ins Krankenhaus fahren.

»Bitte, findet ihren Mann oder ihren Bruder oder jemanden, mit dem ich sprechen kann.«

Später wurde mir bewusst, dass ich handelte ohne zu *überlegen*. Ich hatte ›auf Autopilot gestellt‹, so wie ich da in meiner weißen Haut stand. Ich kann mich nicht mehr an meine Gefühle erinnern, aber ich entsinne mich der Dringlichkeit, die ich verspürte. Auch wenn alle Leute mehrmals sagten, diese Frau sei schon sehr lange krank und man erwarte, dass sie bald sterben würde, spürte ich, dass es dringend war, sie aus ihrer dunklen Ecke in ihrem kleinen Haus wegzuholen – sie in ein modernes medizinisches

Gebäude zu bringen und einen Chirurgen ihre Krankheit aus ihr herausschneiden zu lassen. Darüber hinaus überlegte ich nichts.

Endlich, nachdem eine Stunde oder mehr verstrichen war, meldete sich, nur sehr zögernd, der Ehemann. Ich erklärte ihm, was er natürlich bereits wusste, nämlich, dass seine Frau sehr krank sei. Dann sagte ich ihm, er solle sie zur Behandlung in ein Krankenhaus bringen. Er hörte mir geduldig zu und sagte, er könne dies nicht wirklich entscheiden. Er müsse mit ihrem Bruder oder ihrem Vater sprechen.

Als ich diese Antwort hörte, wurde ich sehr ungeduldig: »Dann holt bitte ihren Bruder.«

Etwa 7 Meilen vom Dorf entfernt gab es ein kleines Krankenhaus. Diese Distanz machte es den Dorfbewohnern schwer, die Frau dorthin zu bringen, und offensichtlich konnte sie nicht gehen. Doch da sich nun das Umfrageteam im Dorf befand, war es einfach, sie mit einem unserer Fahrzeuge hinzufahren.

Ein wenig später kamen der Bruder und ein alter Mann, der sagte, er sei der Vater der Frau. Wieder brachte ich meinen dringlichen Appell vor. Inzwischen war es augenfällig, dass der Ehemann, der Bruder und der Vater der Frau, ebenso wie die wachsende Zahl an Leuten, die uns umringten, gereizt und ärgerlich wurden. In einer anderen Kultur wären sie wütend geworden und hätten mich hinausgeworfen. Doch die Malaien sind ein friedliches Volk, das Harmonie über alles schätzt. Niemand wird wütend, weil dies beide Seiten beschämen würde. Niemand erhebt je auch nur die Stimme – unter *keinen* Umständen.

Sie wussten augenscheinlich nicht, wie sie mit mir umgehen sollten, einem Fremden, der ein paar Tage zuvor in ihr Kampong geplatzt war, gefolgt von zwanzig Ärzten in achtzehn Land-Rovern und einem Haufen Lärm. Vielleicht dachten sie, ich sei der Anführer dieses Umfrageteams und nicht bloß ein Vorbote. Ich besaß offensichtlich Autorität, wenn ich mit einem Fingerschnippen den Gebrauch eines Wagens anordnen konnte. Doch war ich keine Autorität, die sie anerkannten. All dies musste sehr verwirrend gewesen sein, wie mir später bewusst wurde.

Besonders verwirrend war mein Verhalten auch dadurch, dass ich zwar ihre Sprache sprach (zu dieser Zeit sogar ziemlich fließend) und doch ihre Gebräuche, ihr ADAT (Gesetz) nicht verstand. Ich stellte Forderungen an sie, doch hätte ich wissen sollen, dass nach malaiischen Gepflogenheiten kein Erwachsener je einem anderen Erwachsenen sagt, was er zu tun hat. Wer ihre Kultur auch nur ein wenig verstand, hätte wissen müssen, dass man das einfach nicht macht. Es ist ein unhöfliches, grobes, verachtungswürdiges Verhalten, jemandem zu sagen, was er zu tun hat. Schon nur die Stimme zu erheben, ist in der malaiischen Kultur beleidigend.

Ich muss zu meiner Schande zugeben, dass ich wohl nie auch nur einen Gedanken daran verschwendet hatte, was denn die Frau selbst dachte und fühlte, während wir in ihrer Abwesenheit über sie verhandelten.

Schließlich muss meine unerklärliche Hartnäckigkeit dazu geführt haben, dass der Vater, der Bruder und der Ehemann einwilligten, die Frau aus ihrem Haus zu holen und ins Krankenhaus bringen zu lassen. Eines der Fahrzeuge hatte früher als Ambulanz gedient. Darin befand sich eine Art Tragbahre. Wir luden die Frau auf die Bahre und brachten sie unter dem unheilvollen Schweigen der nun schon ziemlich großen Menschenmenge ins Auto.

Im Krankenhaus sagten sie als erstes, die Frau könne nur mit mindestens zwei Litern Blut aufgenommen werden – eine Richtlinie des Krankenhauses. Wenn das Blut nicht vor der Aufnahme gespendet würde, bekämen sie es nachher nie mehr, meinten sie. Ich wusste, dass sie recht hatten.

Es war nach vier Uhr nachmittags. Ich überzeugte das Krankenhauspersonal, die Frau im Wartezimmer zu behalten, während ich ins Dorf zurückhastete, um körperlich gesunde Männer zum Blutspenden zu holen. Ich hatte nicht nur meinen Willen dem ganzen Dorf aufgezwungen, nun kam ich auch noch zurück, um fünf Leute zu bitten, Blut zu spenden.

Ich war besessen. Ich redete, schimpfte, schmeichelte – und bestach schließlich fünf Männer mitzukommen. Ich zahlte ihnen ihre verlorene Arbeitszeit, auch wenn es bereits spät war und um diese Zeit schon lange niemand mehr arbeitete. Ich war nicht mehr zu bremsen. Wir kamen beim Einbruch der Dunkelheit im Krankenhaus an. Die Männer spendeten Blut, ich zahlte sie aus, und sie wurden mit dem Auto ins Dorf zurückgefahren.

In der Nähe dieses Dorfes gab es ein Gästehaus, in dem einige von uns abgestiegen waren. (Gästehäuser sind ein Relikt aus der Kolonialzeit; in der Regel sind es Bungalows, die wichtigen, d.h. ursprünglich weißen Reisenden zur Verfügung standen.)

Die Frau befand sich im Krankenhaus. Ich war erschöpft, verspürte jedoch ein Gefühl von Befriedigung. Nicht, dass ich glaubte, ich hätte ihr das Leben gerettet. Aber ich war echt zufrieden. Ich hatte gewonnen, und ich stellte mir wohl vor, dass ich getan hatte, was jede normale (weiße) Person auch getan hätte. Der Arzt im Krankenhaus hatte meine Vermutung bestätigt: die Frau litt an einer Eierstockzyste. Sie würden diese am nächsten Morgen in der Frühe chirurgisch entfernen.

Ich fühlte mich gut.

Es war dunkel, vielleicht sieben Uhr abends. Ich saß auf der Veranda, die Füße hochgelagert. Eine Frau näherte sich mir und hielt auf dem Rasen vor dem Geländer an. Sie fragte mich, ob ich der Mann sei, der ihre Schwester ins Krankenhaus gebracht hatte. Ich wiederholte, was wie eine Art Refrain geworden war: »Ihre Schwester ist sehr krank und muss ins Krankenhaus.«

Dann blieb mir keine Gelegenheit mehr, mich weiter zu erklären. Die Frau begann zu sprechen und hörte nicht mehr auf – es muss mindestens eine halbe Stunde gedauert haben. Sie wurde nie laut, doch machte sie keinen Hehl daraus, wie aufgebracht sie war. Sie stand ganz still und blickte mir unentwegt ins Gesicht.

»Wissen Sie, was sie getan haben?« sagte sie. »Meine Schwester ist sehr krank. Sie ist seit fünf Jahren krank – wir erwarten alle, dass sie stirbt. Die Schwester weiß, dass sie sterben wird. Ihr Mann weiß, dass sie sterben wird. Ihre Kinder wissen, dass sie sterben wird. Ich weiß es. Das ganze Kampong weiß es. Wir hatten alle Zeit, es anzunehmen. Wir fühlen mit ihr; wir fühlen mit ihrem Ehemann und ihren Kindern. Wir fühlen ihre Schmerzen. Sie hat große Schmerzen, aber sie ist eine tapfere Frau und sie beklagt sich nicht.

Wir kümmern uns um sie, so gut wie wir nur können. Alle Bewohner des Kampongs helfen, ihre Kinder zu betreuen. Wir kochen für sie. Wir bringen ihnen das Beste, was wir haben. Wir sitzen mit ihr, Tag und Nacht. Wir beten mit ihr. Wir kennen ihre Krankheit; es ist auch unsere Krankheit. Die Krankheit begleitet uns schon lange.«

Sie machte eine Pause, um tief Atem zu holen und fuhr dann fort: »Nun kommen Sie. Sie reißen sie aus ihrem Zuhause heraus, ihrem Dorf. Sie machen so viel Aufhebens, dass wir nicht wissen, wie uns geschieht.« Wieder holte sie tief Luft. »Vielleicht ist dies das Ende der Welt ...«

Sie hielt kurz inne, um gleich wieder fortzufahren. »Mit welchem Recht nehmen Sie sie von ihrem Ehemann, ihren Kindern, dem Kampong weg? Sie ist krank – sie braucht uns um sich herum, uns alle. Nun ist sie allein mit Fremden. Sie sollte mit ihrer Familie sein, ihren Freunden in ihrem Kampong. Stattdessen liegt sie in diesem Steingebäude, es ist keiner da, der ihr das zu essen gibt, was sie mag. Sie ist allein in einem kalten Raum. Ich weiß es; ich ging dorthin, um sie zu besuchen, und es wurde mir nicht gestattet. Ich bin ihre Schwester. Ich habe mich fünf Jahre lang um sie gekümmert!«

»Natürlich wissen wir, dass sie krank ist. Sie war all diese Jahre krank. Wir, wir alle, das ganze Kampong, haben uns auf ihre Situation eingestellt. Sie selbst hat sich auf ihre Situation eingestellt. Die Kinder haben sich darauf eingestellt, dass ihre Mutter sterben wird. Sie war krank, lange bevor Sie mit ihren Autos und all diesen Leuten in weißen Mänteln aufgetaucht sind.«

»Ihre Krankheit ist Teil unseres Alltags. Wir alle leben damit. Sie selbst ist bereit, zu sterben. Sie weiß, dass sie bald sterben wird. Sie hat keine Angst; sie ist eine gute Frau. Wir alle wissen, dass sie sterben wird, und wenn sie stirbt, wird das Kampong ein wenig mitsterben. Sie ist das Kampong, das Kampong ist sie. Wir alle werden ein wenig sterben, wenn sie stirbt.«

Sie hielt inne und schaute weg. »Wenn sie stirbt, werden wir sie begraben, und das Leben wird weitergehen wie zuvor. Ihr Tod wird ein sanfter Abschied sein, nicht dieses grobe Wegreißen – nicht so, wie Sie meine Schwester weggerissen und ins Krankenhaus gebracht haben!«

Sie stockte; sie war wütend, konnte es aber nicht zeigen.

»Wissen Sie, was passieren wird, wenn sie jetzt im Krankenhaus stirbt? So weit von zu Hause weg? Wissen Sie, was passieren wird, wenn sie dort stirbt?« Sie weinte leise. »Wir können sie noch nicht einmal begraben. Unsere Religion verbietet es uns, den Körper mehr als eine Stunde wegzutragen. Wenn sie zuhause gestorben wäre, hätten wir sie auf dem kleinen Friedhof im Kampong begraben. Wir hätten ihr Grab besucht, wann immer wir wollten. Wenn sie nun stirbt, wird sie unter Fremden begraben werden, kranken Leuten, und auf einem Friedhof in der Nähe des Krankenhauses, und wir können sie nicht oft besuchen – zum Laufen ist es zu weit weg. Haben Sie daran gedacht?«

Sie hielt wieder inne, um tief Atem zu holen. »Für wen halten Sie sich eigentlich? Für TUAN ALLAH, den Herrgott selbst, dass Sie einfach so im Kampong auftauchen können und den Fluss unseres Lebens stören? Haben Sie denn irgendein Recht, jemanden von uns – eine Schwester, von der gleichen Mutter, die auch mich geboren hat – aus unserem Leben zu reißen. Haben Sie das Recht, uns alle in Panik zu versetzen? Wie können Sie das bloß tun? Ja, meine Schwester liegt im Sterben. Wir sind alle in dieser Krankheit beisammen. Alle von uns sterben ein wenig mit ihr. Und nun? Was sollen wir denn nun tun? Sagen Sie mir das. Was sollen wir bloß tun?«

Sie beschämte mich mehr als je in meinem Leben jemand zuvor. Ich fühlte, wie ich kleiner und kleiner wurde. Welche Befriedigung ich auch immer zuvor verspürt hatte, eine ›gute Tat‹ getan zu haben, sie löste sich in Nichts auf. Stattdessen wurde ich mir des arroganten, rücksichtslosen Verhaltens und des fehlenden Gespürs den Menschen gegenüber bewusst, die so sehr dem warmherzigen, wunderbaren Volk glichen, mit dem ich aufgewachsen war. Wie konnte ich das nur vergessen? Ich hatte getan, was in meiner eigenen Welt, in meiner eigenen Wirklichkeit als richtig galt. Aber dies hier war nicht meine Wirklichkeit. Die Wirklichkeit der Dorfbewohner war eine andere – und ich wusste das. Ich kannte ihre Welt; ich hatte in ihrer Welt gelebt.

Ich war beschämt; ich hatte nicht nur vergessen, wie man sich benimmt, sondern war auch alles andere als einfühlsam gewesen. Ich konnte der Frau keine Antwort geben – was hätte ich denn auch sagen können?

Sie hatte Recht.

Während ihres Monologes hatte ich bemerkt, dass einige Leute von weitem zusahen. Ich verstand, dass sie sich fernhielten, um uns nicht noch zusätzlich in Verlegenheit zu bringen. In dieser Kultur, so fiel mir wieder ein, bringt man niemals jemanden in Verlegenheit. Indem diese Frau mich beschämte, brachte sie mich, aber auch sich selbst, in Verlegenheit. Ich wusste, was es sie kosten musste, zu sagen, was sie sagte.

Unter sichtlicher Anstrengung fasste sie sich wieder und sagte: »Wie hoch ist die Überlebenschance meiner Schwester, jetzt, wo sie im Krankenhaus liegt?«

Das Wort für Krankenhaus heißt auf Malaiisch RUMAH SAKIT, ›Haus der Krankheit‹ oder ›Haus für die Kranken‹. Die Art, wie sie das Wort ausspuckte, machte mir klar, dass sie sehr stark empfand, dass der Ort, wohin ihre Schwester gegangen war, in Wahrheit ein Haus abscheulicher, hässlicher Krankheiten war, ganz anders als die Welt des Kampongs, wo die Krankheit der Frau ein natürlicher Teil des Lebens und Sterbens war. Ihre Schwester, die zum Kampong gehörte, lag nun in einem Steingebäude, das nur für den Zweck errichtet worden war, Leute mit vielen verschiedenen Arten von Krankheit zu beherbergen, an einem Ort, wo sie die Menschen aufschnitten, in einem Gebäude, das seltsam roch und von Leuten geführt wurde, die ihr nicht erlaubten, ihre eigene Schwester zu besuchen. Dieses Gebäude war fremdartig, unnatürlich.

Ich hatte etwa eine halbe Stunde zuvor den Arzt angerufen. Er hatte mir gesagt, die geplante Operation sei riskant. Die Frau hätte etwa 50 Prozent Überlebenschance.

Ich sagte ihrer Schwester: »Halb halb«.

Sie spuckte fast ins Gras. »50 Prozent die Chance, dass sie sterben, und 50 Prozent, dass sie leben wird? Ist das denn etwa besser, als das, was sie zuvor hatte?«

Monate später erfuhr ich, dass die Frau überlebt hatte und aus dem Krankenhaus entlassen worden war. Ob sie je wieder ganz gesund wurde, weiß ich nicht. Ich war zu beschämt, um nochmals ins Dorf zurückzukehren.

NACHFOLGE

Während meiner Feldstudien zu den Ernährungsgewohnheiten der Malaysier merkte ich bald, dass es nicht ausreichte zu fragen, was die Leute aßen und was nicht. Ich musste auch in Erfahrung bringen, wie sie lebten und wie ihr Alltag aussah. Wie viele Mahlzeiten pro Tag nahmen sie zu sich? Wer kochte? Versammelte sich eine Familie zum Essen um einen Tisch? Setzten sich überhaupt alle gemeinsam zu einem Mahl hin?

Die Antworten fielen ganz anders aus, als man im Westen erwarten würde. Die Malaien essen oft nicht drei, sondern bloß zwei Mahlzeiten pro Tag; die Familie setzt sich nicht gemeinsam an einen Tisch – sie sitzen auf dem Boden; und oft isst man nicht zu bestimmten Essenszeiten, sondern wenn man gerade Hunger hat.

Ich lernte früh, dass man nicht davon ausgehen kann, dass andere Menschen dasselbe tun wie die Amerikaner, oder die Dinge auch auf dieselbe Weise tun. Man kann nicht kulturübergreifende Forschung betreiben, indem man einzelne Teilbereiche untersucht. Um die Ernährungsgewohnheiten einer Bevölkerungsgruppe zu erforschen, muss man auch eine Ahnung davon haben, wie die Menschen leben, was ihnen zur Verfügung steht und was in ihrer Kultur von Bedeutung ist. Deshalb war es klar, dass ich mich eine Zeit lang in den malaiischen Dörfern aufhalten musste, einfach um Beobachtungen zu machen, um mit den Menschen zusammen zu sein, um sie kennenzulernen.

Das Institut, für das ich arbeitete, stellte mir einen Wagen und einen Fahrer zur Verfügung. Als wir das erste Mal ein Dorf besuchten, stellte sich heraus, dass der Fahrer dort entfernte Verwandte hatte, was meine Besuche selbstverständlicher werden ließ. Ich konnte meine Anwesenheit erklären, indem ich sagte, ich begleitete den Fahrer, während er seine Verwandten und Freunde besuchte. Die nächsten anderthalb Jahre fuhren wir zweimal pro Woche in das Dorf.

Wohl anlässlich des ersten Besuches wurde ich dem Bürgermeister oder dem Haupt des Kampongs, wie er auf Malaiisch heißt, vorgestellt. Es war ein älterer, sehr würdevoller Mann, der nicht viel redete. Er akzeptierte, wie die anderen auch, meine Anwesenheit gelassen und ohne viel wissen zu wollen. Ich erklärte, dass ich die Ernährungsgewohnheiten der Bewohner untersuchte, mich aber in ihrem Dorf nur aufhielte, um mich mit ihrem Alltag vertraut zu machen. Sie schienen dies ohne Fragen zu akzeptieren. Die erste Frau des Fahrers stammte aus dem Dorf, und so gehörte er in ihren Augen immer noch zum Kampong. Nach einigen Besuchen kannte ich die meisten Dorfbewohner vom Sehen, und viele kannte ich auch beim Namen.

Dann starb eines Tages das Dorfoberhaupt.

Ich war gespannt, wie die Ernennung oder Wahl eines neuen Dorfvorstehers vor sich gehen würde. Wurde das Amt weitervererbt? Die anthropologische Literatur über die örtliche Regierungsform war vage und verwirrend. Einige Anthropologen beschrieben ein autoritäres System: es gab in Malaysia Sultane, welche uneingeschränkt herrschten – was in den Ohren amerikanischer Wissenschaftler nicht gerade demokratisch klang. Andere sagten, die oberste Führung werde von Vater zu Sohn weitervererbt. Die meisten waren sich einig, dass das Oberhaupt ein Mann sei, aber zumindest ein Anthropologe, der das Dorfleben vor ungefähr fünfzig Jahren beschrieben hatte, erwähnte einen weiblichen Dorfvorstand.

Der Prozess ging auf jeden Fall ohne Hast vonstatten. Niemand schien es eilig zu haben, ein neues Oberhaupt zu finden oder zu bekommen. Das Dorf hatte in der Tat über anderthalb Jahre lang keinen Vorstand – wie ich später erfuhr, war dies nicht ungewöhnlich – und den Dorfbewohnern schien dies keine Sorgen zu bereiten.

Ich wusste, dass der oberste Bezirksbeamte Dorfvorsteher ernannte, aber ich wusste nicht, nach welchen Kriterien diese Ernennung erfolgte, und im Übrigen schien es auch der Bezirkskommissar nicht eilig zu haben, seiner Pflicht nachzukommen. Als ich die Dorfbewohner fragte, auf welche Weise denn der Bezirkskommissar das neue Oberhaupt auswählen würde, lächelten sie nur und gaben keine Antwort.

Während meiner Besuche zweimal die Woche schlenderte ich durch das Dorf, unterhielt mich mit Freunden, hörte mir Neuigkeiten über Geburten und Todesfälle und die Ernte an und landete schließlich an einem Ort, wo einige ältere Männer und Frauen zusammensaßen und zwanglos miteinander plauderten. Am frühen Nachmittag, wenn die Weißen Mittagsschlaf halten, sitzen die Malaien ganz ruhig beisammen. Manchmal sagt jemand ein Wort, oder zwei, und nach einer Weile antwortet vielleicht jemand anderer darauf. Es ging nicht darum, sich wirklich zu unterhalten – ich empfand es eher als ein gemütliches Zusammensein von Freunden.

Nach dem Tod des Dorfoberhauptes gab es flüchtige Bemerkungen darüber, was für eine nette Person er gewesen sei, oder jemand erwähnte vielleicht eine besondere Eigenschaft, die er besessen hatte: er sei so eine geduldige Person gewesen, er sei nie wütend geworden, er sei gut zu seiner Frau gewesen, seine Kinder seien wohlgeraten.

Später nannte ich dies die *Phase 1* des Vorgangs, einen neuen Dorfvorstand zu finden oder zu ernennen, eine Phase, die mindestens ein halbes Jahr andauerte.

Allmählich, und für mich zuerst kaum merklich, veränderten sich diese beiläufigen Bemerkungen, jemand sagte etwas darüber, wie das *neue* Oberhaupt sein könnte, oder welche Eigenschaften für einen neuen Dorfvorsteher wichtig wären. Sie scherzten oft, lachten, sagten Dinge wie: »Oh, ich hätte lieber einen Dorfvorstand, der sich mit der Welt da draußen auskennt« oder »Vielleicht sollte eine junge Person das neue Oberhaupt werden.« Später befand ich, dies müsse die *Phase 2* sein – sie dauerte einige Monate an.

Ich hatte über meine Besuche Buch geführt, und wenn ich meine Notizen durchlas, die ich etwa einen Monat zuvor aufgeschrieben hatte, fand ich zu meiner Überraschung heraus, dass die vagen Bemerkungen sich allmählich konkretisierten. Mir fiel zum Beispiel auf, dass es immer häufiger Kommentare zu spezifischen Problemen des Dorfes gab. Ein Problem zum Beispiel war, dass die Gräben, in denen das Regenwasser abfloss, mit Schlick verstopft waren. Einige Male war es fast zu Überschwemmungen gekommen. Oder man erwähnte, wie schwer es sei, auf die andere Seite des Flusses zu gelangen, weil die Brücke, die dort gestanden hatte, einige Jahre zuvor weggeschwemmt worden war. Alle wussten, wie man die Brücke wieder errichten konnte. Aber wer sollte solch ein Unterfangen beginnen?

»Aha!«, dachte ich, *»sie suchen einen Dorfvorstand mit Führungsqualitäten«*. Ich folgerte daraus, dies sei bereits die *Phase 3*, und ich erwartete nun, dass sie endlich zu einer Art Entschluss kommen und sich entscheiden würden. Doch ich wusste, dass sich die Malaien nur auf sehr umständliche Weise an einen Entscheid herantasteten. Ihre Sprache stellt ihnen keinen Wortschatz für konkrete Aussagen zur Verfügung. Es ist eine Sprache der Umschreibung. Bis in die heutige Zeit gibt es kein Wort für ›Ich‹. Das Wort, das man heute benutzt, bedeutete ursprünglich ›Ihr bescheidener Diener‹ oder ›Ihr Sklave‹.

Im einfachen malaiischen oder indonesischen Sprachgebrauch gibt es keine Zeitformen; ob eine Aussage sich auf die Gegenwart, die Vergangenheit oder die Zukunft (nur ganz selten die Zukunft) bezieht, wird durch den Satzkontext bestimmt. Vor allem aber handelt es sich um eine poetische Sprache, die Bedeutungen lieber umschreibt, als exakt fasst, lieber auf etwas anspielt, als es präzise zu benennen.

Während ich also darüber nachdachte, wie sich diese beiläufigen Bemerkungen entwickelten, schien es mir nicht mehr wahrscheinlich, dass sie dazu führten, dass sich eine Lösung dessen abzeichnete, was ich für ein Problem hielt, nämlich ein neues Oberhaupt zu küren. Ich muss nochmals erwähnen, dass mir nie etwas zu Ohren kam, aus dem ich schließen konnte, dass es für irgendjemanden außer mir ein Problem war, wenn das Dorf *kein* Oberhaupt hatte.

Eine der Grundregeln der malaiischen Kultur besteht darin, dass niemand jemals einem anderen Menschen sagt, was er zu tun hat. Erwachsene befehlen einem Kind, das über zwei Jahre alt ist, niemals, es solle etwas tun oder lassen. Die Sprache ist nicht für solche Befehle ausgestattet. Es gibt eine klassische, wahre Geschichte von einem westlichen Arzt, der einer Mutter sagt: »Dein Kind sollte eine Spritze bekommen«. Die Mutter wendet sich zu ihrem dreijährigen Kind und fragt es, ob es eine Spritze wolle. Wenn das Kind verneint, gibt es nichts zu diskutieren. Westliche oder auch malaysische Ärzte mit einer westlichen Ausbildung wissen dann nicht so recht, was sie nun tun sollen.

So kann Führungsstärke hier auch nicht dasselbe bedeuten wie in unserer Kultur. Nicht einmal ein Dorfvorsteher konnte den Leuten vorschreiben, was sie zu tun hatten – wie ich wohl wusste.

Nach einigen weiteren Monaten fiel mir auf, dass die Kommentare persönlicher wurden. Jemand sagte zum Beispiel: »Also Mohammad versteht sich wirklich auf das Brückenbauen«, oder: »Isan ist ein sehr geduldiger Mann.« Niemand schlug direkt eine bestimmte Person vor, doch etwas mehr als ein Jahr nach dem Tod des alten Dorfoberhaupts wurden in dieser typisch malaiischen Art, nichts zu sagen, aber etwas anzudeuten, Namen in die Runde geworfen, die sich sogleich wieder verflüchtigten.

Ich gab es auf, den Vorgang zu analysieren und ihn in Phasen zu unterteilen. Ich sah, dass es sich bei diesem Geschehen um einen natürlichen Fluss von Gedanken, Ideen und Worten handelte, die nie ausgesprochen wurden und auch nicht ausgesprochen werden konnten. Hier ging es nicht um eine Wahl, und ich nahm an, der Bezirkskommissar würde, wenn es denn einmal an der Zeit wäre, einfach einen Namen aus dem Hut ziehen.

Dann kam ein anderer Besucher ins Dorf und trieb sich dort so viel herum wie ich. Während eines Monats oder länger begegneten wir uns mehrere Male. Er war ein netter, freundlicher, älterer Herr, der, wie man sagte, ein Freund oder Verwandter des Bezirkskommissars war. Der Besucher sagte selten etwas (ich natürlich auch nicht). Wie ich hörte er zu.

Für einen westlich erzogenen Menschen war dieses vage Sprechen frustrierend unkonkret; man kam nie zur Sache. Natürlich war genau dies der *Sinn* dieses Daherredens. Das schlimmste Vergehen in der malaiischen Kultur ist es, jemanden in Verlegenheit zu bringen, deshalb spricht man auch nie direkt zu jemandem, man schaut ihm oder ihr nicht wirklich in die Augen, erhebt die Stimme nicht und fasst seine Aussagen immer in möglichst allgemeine Ausdrücke. Man spricht in Andeutungen, so gut es nur geht.

Dann ernannte der Bezirkskommissar eines Tages aus keinem mir ersichtlichen Grund einen Cousin des verstorbenen Dorfvorstehers zum neuen Oberhaupt – ein *entfernter* Cousin, wie der Fahrer betonte, der selbst auch ein entfernter Cousin war.

Der ernannte Cousin war in diesen zwanglosen Zusammenkünften oft erwähnt worden, aber mindestens die Hälfte der Dorfbewohner auch. Ich kannte ihn mittlerweile gut. Er war ein ruhiger, bescheidener Mann, ehrlich, sanftmütig und offensichtlich intelligent, jemand, der nachdachte, bevor er etwas sagte, der aber dann gewöhnlich gerade das Richtige zu sagen schien. Er war vielleicht Mitte oder Ende dreißig, verheiratet und Vater zweier kleiner Kinder. Er und seine Frau waren beide gesund, nicht zu arm – obwohl es für einen Außenstehenden fast unmöglich ist zu sagen, ob jemand in einem malaiischen Dorf arm oder reich ist, denn niemand will herausstechen oder anders sein als die anderen. Sogar der reichste Mann lebt wie seine Nachbarn auch, ohne Pomp oder Zurschaustellung eines aufwendigen Lebensstils. Der ernannte Mann galt als schön; sein Gesicht war nicht vernarbt. Er hatte sich, soweit mir bekannt war, immer der Etikette entsprechend benommen. Er war anscheinend ein Modellbürger. Die Dorfbewohner schienen zufrieden. Der neue Vorstand war offensichtlich ein wohlangesehener Mann.

Nachdem die Feierlichkeiten der Amtseinsetzung vorüber waren, versuchte ich herauszufinden, worauf diese Ernennung gründete. Der neue Dorfvorsteher war zwar mit dem alten verwandt, aber den Sohn des ehemaligen Oberhaupts hatte man übergangen. Soweit ich wusste, war der gewählte Cousin weder ein Experte im Brückenbauen, noch wusste er mehr als die anderen über das Trockenlegen von Gräben. (Alle im Dorf wussten, wo die alten Gräben gewesen waren, und als sie sich bald darauf an die Arbeit machten, fiel es ihnen leicht, diese wieder herzurichten.) Gewiss hatte es keine Wahl in unserem Sinn gegeben. Der ganze Vorgang war mir fast beliebig erschienen, obwohl offenbar geschah, was die Leute erwarteten. Der ernannte Cousin besaß anscheinend keine Führungsqualitäten, wie wir sie verstehen; er war keine Person, die sich durchsetzt – aber *kein* traditioneller Malaysier ist das. Als ich die Leute fragte, wieso er ernannt worden sei, zuckten sie mit den Schultern und sagten »der Herr Bezirkskommissar ...«.

Kaum hatte ich die Frage gestellt, wurde mir bewusst, dass es nicht die richtige gewesen war. Ich hatte eine peinliche Frage gestellt – eine direkte Frage, auf die man eine Antwort geben musste oder die man zumindest nicht so einfach ignorieren konnte. Mit der Frage hatte ich sie in Verlegenheit gebracht.

Ich wartete etwa eine Woche und fragte dann: »Was muss ein Dorfoberhaupt denn können?«

Das Oberhaupt müsse das Gesicht des Dorfes sein, wurde mir gesagt.

Ich war nicht sicher, was dies bedeutete, doch erhielt ich bald darauf eine Erklärung. Zu jener Zeit errichtete die Regierung in vielen Gegenden des Landes Krankenhäuser, und als Standort hatte sie eine kleine Stadt gewählt, die sechs Meilen vom Dorf entfernt lag und von der aus dieses und andere Dörfer bedient werden sollten. In einer Zeit, in der noch wenige Leute ein Fahrrad besaßen und es keine Busverbindung gab, dauerte es einen ganzen Arbeitstag, um mit einem kranken Kind sechs Meilen hin- und zurückzulegen. Für die Weißen und die wenigen Stadtbewohner mit Autos schienen sich die Kliniken in der Nähe zu befinden, aber für jene Einwohner, für die sie eigentlich vorgesehen waren, waren sie weit weg.

Als die Klinik ihre offizielle Eröffnungsfeier beging, nahm das Dorfoberhaupt mit seiner Frau und seinen zwei Kindern daran teil. Sie gingen zu Fuß hin. Da sah ich, was die Dorfbewohner gemeint hatten, als sie sagten, ein Oberhaupt müsse das Gesicht des Dorfes sein. Der Dorfvorsteher war würdevoll und zweifellos eine Persönlichkeit. Er war in der traditionellen Tracht gekleidet, trug aber Schuhe. Er sprach sanft, aber deutlich und gut. Er bemühte sich, mit den anwesenden Ausländern zu sprechen. Zweifellos ließ er das Dorf gut aussehen.

Vor dreißig Jahren hatten die malaiischen Dörfer noch keine Regierung im üblichen Sinn. Es gab keine Polizei, welche die Gesetze durchsetzte. Das einzige Gesetz war das ADAT, eine Reihe von Gebräuchen und Traditionen – die Essenz der malaiischen Kultur. Dem Adat gibt es nichts hinzuzufügen, es verhält sich damit nicht wie mit unserem menschengemachten Gesetz. Vom Dorfvorsteher wurde nicht erwartet, dass er

Führungsstärke zeigte. Er war eine Repräsentationsfigur, das Gesicht, welches das Dorf der Welt draußen zeigte. Aber er war auch das Gesicht, um das herum sich die Dorfbewohner versammelten, er verkörperte die Identität ihres Kampongs. Auch heute, vermute ich, ist es nicht viel anders. Es ist ein System, das ganz ordentlich funktioniert.

Der neugewählte Vorsteher war mit dem verstorbenen Vorsteher verwandt, aber nicht in direkter Linie. Er war ernannt worden, aber seine Ernennung erfolgte nach einem langen und gemächlichen Vorgang, der allen Dorfbewohnern eine Stimme gab – aber eine Wahl war es nicht.

Ich frage mich, ob wir dies in unseren Dörfern früher nicht auch so gehandhabt haben.

DIMENSIONEN DES HEILENS

Wenn man in einer Gesellschaft, wie der Unseren, erkrankt, geht man zum Arzt. Besitzt man keine Krankenversicherung, sucht man vielleicht die Notfallaufnahme eines Krankenhauses in der Nähe auf, aber man nennt es immer noch ›Zum-Arzt-Gehen‹. Die Redewendung ist so geläufig, dass es fast schon ein stehender Ausdruck ist.

Zum-Arzt-Gehen ist mit allerlei Vermutungen und Anschauungen verknüpft. Zum Beispiel sind wir der festen Überzeugung, wir würden den Arzt *wählen*. Wir reden auch so, als hätten wir alle unseren persönlichen Arzt. Natürlich wissen wir, dass keine dieser uns geradezu heiligen Ansichten wahr ist. Wir wählen nicht wirklich aus; wir gehen zu dem Arzt, den wir uns leisten können, oder jenem, dessen Praxis gerade bequem in der Nähe liegt oder den uns unsere Versicherung aufzusuchen erlaubt. Nur wenige von uns haben noch einen persönlichen Arzt, obschon vor vierzig oder fünfzig Jahren wohl zumindest die Angehörigen des Mittelstandes einen ›Familiendoktor‹ besaßen. Vor vierzig Jahren machten die Ärzte auch noch Hausbesuche.

In vielen Gegenden der Welt sucht man im Krankheitsfall einen Heiler auf. Diese Heiler werden in unterschiedlichen Kulturen jeweils anders bezeichnet, aber sie alle teilen die uralte Überzeugung, dass *Heilen* eine Fähigkeit ist, die allen Menschen innewohnt. Schaut man hinter die Zeremonien, die Trachten und Rituale, ist allen eingeborenen Heilerinnen und Heilern gemeinsam, dass sie Hindernisse auf dem Weg zur Heilung beseitigen oder das stärken, was wir das Immunsystem nennen.

Es ist noch nicht lange her, dass wir Gesundheit und Krankheit aus einer ähnlichen Perspektive betrachteten wie diese eingeborenen Heiler. Während meiner Kindheit gab es noch keine ›Wunderpillen‹. Man brachte uns bei, wie wichtig es war, alle Wunden gründlich mit Seife und Wasser zu waschen; egal welche Seife und welches Wasser – alles war besser als Schmutz in einer Wunde zu belassen. Waschen tat zwar weh, war aber unabdingbar, wie man uns einschärfte. Wir besaßen Wasserstoffperoxid, um Wunden zu säubern, was sich ausgezeichnet für alle Sorten von Kratzern und oberflächlichen Schnittwunden eignete, weil die Bläschen eine Art mechanische Reinigung durchführten. Wir hatten Jod, das biss und brannte, d.h. nicht das Jod brannte, wie ich später lernte, sondern der Alkohol. Keine Wunderpillen zu haben, bedeutete zugleich, dass die Vorsorge wichtiger war als die Behandlung, was damals wohl auch mehr Menschen auf das Immunsystem vertrauen ließ. Wir wuchsen mit dem Wissen auf, dass wir bei insgesamt gutem Gesundheitszustand viel weniger anfällig für Krankheiten waren.

Damals konnte es gut vorkommen, dass nicht-westliche Heiler Seite an Seite mit westlich geschulten Ärzten arbeiteten. Gewiss hatten die verschiedenen Ärzte unterschiedliche Ansätze, aber keine Form von Heilen war besser als die andere. Ich wusste, dass sowohl die westlichen als auch die nicht-westlichen Ärzte Heiler waren. Und ein Heiler wollte ich auch werden.

Ich dachte, dies hieße, ich müsse Medizin studieren. Doch ich hatte dafür einen schlechten Zeitpunkt gewählt. Ich begann mit dem Medizinstudium in Holland zwei Wochen vor Ausbruch des Zweiten Weltkrieges, und einige Monate später wurden wir von deutschen Truppen besetzt. Ich konnte zwar den ersten Teil des Medizinstudiums abschließen (die klinischen Fächer), doch kaum hatte ich mit dem zweiten Teil, einem Lehrgang im Präparieren, begonnen, als ich herausfand, dass ich auf Formaldehyd, welches man zur Konservierung von Kadavern verwendete, allergisch reagierte. Deshalb konnte ich mein Studium nicht fortsetzen. In einer seltsamen Fügung des Schicksals befanden die Deutschen zur gleichen Zeit, die Universitäten seien Brutstätten des Widerstands. So wurden alle Universitäten geschlossen und machten ihre Tore erst wieder auf, als die Alliierten drei Jahre später den Krieg beendeten. Als die Universitäten den Betrieb wieder aufnahmen, beschloss ich, die Studienrichtung zu wechseln und Psychologie zu studieren. Doch obwohl ich schließlich sogar zwei Abschlüsse in Psychologie (keiner davon in klinischer Psychologie) erwarb, verlor ich nie meine große Leidenschaft für das Heilen.

Je besser ich mit dem westlichen Gesundheitssystem (als Patient und Student in medizinischen Institutionen) vertraut wurde, desto deutlicher wurde mir bewusst, dass unser medizinisches System nicht auf das Heilen ausgelegt ist. Die Ärzte und Patienten gleichermaßen stehen den Wundern der modernen Chemie voller Ehrfurcht gegenüber und vergessen, wer die Heiler waren und was sie vor der Erfindung des Penizillins taten. Ärzte und Patienten glauben, Heilung erfolge durch Medikamente und äußere Eingriffe und denken nicht mehr daran, dass bis vor kurzem Heilung immer das war, was der Körper selbst tat, vielleicht mit der Unterstützung und Stimulation durch einen Heiler.

Die moderne (und damit meine ich die technische) Medizin hat die Welt in den letzten Jahren überschwemmt. Gleichwohl gab es bis vor einigen Jahren noch einige wenige Gebiete, in denen eingeborene Heiler ihrer Tätigkeit nachgingen. In einigen Gegenden der Welt – einschließlich den Vereinigten Staaten – wird die sogenannte ›alternative Medizin‹ zwar weiterhin praktiziert, trotzdem sind die westlichen und die im Westen ausgebildeten Ärzte und Ärztinnen fast überall zur Norm geworden. Im zwanzigsten Jahrhundert hat die Medizin das Heilen ersetzt. Gewiss leben die Menschen heute länger, und das bedeutet auch, dass die Bevölkerung gewachsen ist. Diese Bevölkerungszunahme hat jedoch lange vor dem letzten Jahrhundert begonnen, und sie ist sehr wahrscheinlich eher durch bessere Gesundheit, besseres Essen, bessere Hygiene und besseres Wasser zustande gekommen als durch bessere Medizin.

Die Bedeutung, die wir der medizinischen Technologie beimessen, beinhaltet zwei Botschaften. Die eine besagt: der menschliche Körper funktioniert wie eine Maschine und ist viel zu komplex, als dass ein Laie ihn verstehen, geschweige denn kontrollieren könnte. Man kann nicht erwarten, dass wir wissen, was in unserem Körper vor sich geht. Dafür gibt es unzählige Spezialisten, die es besser wissen.

Moderne Medizin, so die andere Botschaft, eignet sich am besten in extremen Situationen. Im Gesundheitswesen wird der größte Teil der Zeit, der Energie und des Geldes in immer gewagtere und technisch brillantere Verfahren investiert, die das Leben von Menschen verlängern, welche noch vor wenigen Jahren einfach hätten sterben dürfen.

Als ich mit meiner Familie in Malaysia lebte, gab es beides: westlich geschulte Ärzte und traditionelle Heiler.

Die Malaien waren auf keinen Fall ein primitives Volk; sie waren Bürger eines modernen Staates, fuhren mit ihren Autos auf ausgezeichneten Straßen und besaßen Radio und Fernsehen. Doch viele Malaien wohnten lieber in ihren Kampongs, ihrer ursprünglichen Umgebung. Die Städte taten ihrer Kultur nicht gut. Die Kultur der Malaien ist von einem bemerkenswerten Zusammenhalt geprägt.

In unserer Welt stellen wir uns die Familie als den Baustein der Gesellschaft vor, in der malaiischen Kultur ist das Kampong dieser Baustein. Das Dorf ist die Familie, der man angehört. Die Identität eines Menschen ist weniger durch die Blutsverwandtschaft als durch das Kampong begründet.

Wie alles, ist auch das der Veränderung unterworfen. In unserer Gesellschaft bildet die Familie nicht länger den Baustein unserer Gesellschaft (wenn sie es denn je tat). In anderen Kulturen lösen sich die traditionellen Beziehungen durch die enorm beschleunigte Modernisierung und Urbanisierung und den enormen Bevölkerungszuwachs auf.

In Malaysia gab es in den meisten Kampongs einen BOMOH (einen eingeborenen Heilpraktiker). Ich lernte einige von ihnen kennen, darunter auch eine Frau. (Obwohl weibliche Bomohs nicht selten waren, traf ich nur eine.)

Ein Bomoh sagte von sich, er (oder sie) sei eine Person wie alle anderen auch. Die Gleichheit in der Gesellschaft ist in der Kultur der Malaien von hohem Wert. Äußerlich zumindest schienen auch alle gleich – ein reicher Mann lebte in keinem größeren oder prunkvolleren Haus als ein armer Mann, und wenn er ein Auto besaß, parkte er es außerhalb des Kampongs. Auch der Bomoh lebte in einem Haus wie all die anderen.

Suchte ein kranker Mensch einen Bomoh auf, kam er zu dessen Haus. Er wartete davor, bis man auf ihn aufmerksam wurde. Der Bomoh kannte den Patienten natürlich – schließlich waren sie Nachbarn. Er setzte sich vor dem Haus oder auf der kleinen Veranda neben den Patienten oder an die Seite der Mutter oder des Vaters, die ein krankes Kind in den Armen hielten. Sie plauderten einige Minuten über die Familie und über das, was im Kampong gerade so vor sich ging.

Und dann setzte sich der Bomoh allmählich ganz behutsam und fast unmerklich dem Patienten direkt gegenüber. Ein krankes Kind hielt er vielleicht im Schoß. Während er weitersprach, berührte er den Patienten sanft im Nacken, spürte, ob er Fieber hatte, fühlte den Puls und den Muskeltonus. Er schaute sich die Haare an (waren sie feucht oder trocken, glänzend oder matt), die Finger und die Fingernägel. Er tastete sanft einen geblähten Bauch oder geschwollene Gelenke ab. Der Bomoh ging nicht eine Liste von Symptomen durch, aber in einer ungezwungenen Unterhaltung mit den Eltern oder dem Patienten erfuhr er nach und nach, was das Problem war, wann es begonnen hatte und wie und wo, falls dies von Bedeutung war.

Der Bomoh führte ein Diagnosegespräch durch und nahm eine sehr gründliche Untersuchung vor, aber ohne dabei Instrumente zu verwenden – ohne Thermometer, Blutdruckmessgeräte, Zungenspatel. Und ohne Bezahlung oder Karteieinträge.

Wenn meine Kinder hingegen zu einem westlichen Doktor gingen, wurden sie flach auf einen Tisch unter ein grelles Licht gelegt und manchmal von den Eltern und den Krankenschwestern unter Zwang festgehalten, während der Arzt in einem weißen Kittel herumdrückte und piekste. Der Körper des Kindes war ein Objekt, das man zur Reparatur gebracht hatte. Zwischen dem Klinikpersonal und dem Patienten wurden kaum freundliche Worte gewechselt. Westlich geschulte Ärzte sind ›Fachleute‹, was auch bedeuten kann, dass sie sich distanziert verhalten. Zudem wird diese Distanz noch dadurch vergrößert, dass man die Patienten bei ihrem Vornamen nennt, während die Ärzte natürlich mit ›Herr Doktor‹ angesprochen werden. Ein Bomoh wurde nie mit ›Bomoh‹ angeredet. Alle kannten sie oder ihn beim Namen.

Einige Bomohs geben ihren Patienten auch westliche Medikamente – in jener Zeit waren in Malaysia alle Medikamente rezeptfrei erhältlich. Die Bomohs lasen das Kleingedruckte auf den Packungsbeilagen sehr sorgfältig durch, um mögliche Nebeneffekte und Wechselwirkungen mit anderen Medikamenten zu berücksichtigen, bevor sie diese einem Patienten gaben. Als ich einen Bomoh fragte, wieso er denn westliche Medikamente verwendete, schaute er mich ziemlich überrascht an und antwortete: »Wieso denn nicht? Sie wirken.«

Ich kannte einige Bomohs, die auch Antibiotika verschrieben, aber sie verabreichten dem Patienten persönlich eine Dosis, mit Wasser und vielleicht einem Cracker oder etwas Reis; und dann baten sie den Patienten (oder die Eltern), er solle am Abend vor Sonnenuntergang wiederkommen, um eine weitere Dosis zu erhalten. Am nächsten Morgen kam der Patient, um die nächste Tagesdosis zu erhalten, die er wieder mit ein wenig Reis einnahm, und so ging es weiter, solange die medikamentöse Behandlung dauerte.

Manche Bomohs hatten nichts dagegen, einen Patienten in eine westliche Klinik oder ein Krankenhaus zu senden, wenn es notwendig schien. Bomohs sind intelligente Leute. Die, die ich kennengelernt hatte, bildeten sich weiter, um mit dem, was in der

Welt vor sich ging, mitzuhalten, doch blieben sie warme, fürsorgliche Menschen, die eine nicht-invasive, persönliche und zwanglose Heilmethode praktizierten – ohne Gummihandschuhe und ohne weiße Uniformen, ohne Papierkram, ohne Büro und ohne Standardprozeduren.

Die Regierungskliniken lagen weit von den Kampongs entfernt. Sie befanden sich in kleinen Städten und Ortschaften, wo Elektrizität und sauberes Wasser zur Verfügung standen und die Kliniken durch Fahrzeuge beliefert werden konnten. Dennoch schienen die Ärzte nicht zu verstehen, wieso so wenige Malaien eine Klinik aufsuchten. Als ein Doktor mich fragte, was ich denn darüber denke, bat ich ihn, mit mir in sein Wartezimmer zu kommen (er selbst war noch nie in seinem eigenen Wartezimmer gewesen).

Das Krankenhausgebäude bestand aus Beton (der in den Tropen sehr *heiß* wird). Der Wartesaal war sehr eng – mit Bänken an den Längsseiten des Raumes – und nur sehr schlecht belüftet. Ich wusste, dass die stickige Luft den Patienten das Gefühl gab, sie säßen in einer ›krankmachenden‹ Umgebung; sie fürchteten, sie könnten sich mit den Krankheiten der anderen Leute anstecken.

Eine Krankenschwester dirigierte das Geschehen von einem kleinen Fenster am Ende des Raumes aus. Die Schwester war Chinesin – es gab zu jener Zeit kaum medizinisch ausgebildetes malaysisches Personal – und sie schrie laut herum. Sie tat dies offenbar, um sich Gehör zu verschaffen, aber in der malaiischen Kultur ist lautes Sprechen ein Zeichen von Grobheit.

»Der Nächste!«, schrie die Schwester – und die Leute mussten z. B. mit ihrem kranken Kind – müde, erhitzt und unwohl wie es sich fühlte – zu ihr an das Fenster kommen. Ohne das Kind oder die Eltern anzuschauen, schrieb die Krankenschwester Notizen in ein Buch, während sie für das Aufnahmegespräch eine Liste von Fragen durchging: »Name des Patienten? Geburtsdatum?« (*Ich weiß nicht, ich bin nicht sicher.*) »Name der Mutter, Name des Vaters, wo lebst du?«, fragte sie als nächstes. Dann: »Was ist mit dem Kind los?« (*Ich weiß es nicht.*) »Ja, wieso sind Sie dann hier?«

Die Patienten wussten nur, dass der Bomoh sie nicht fragte, was los war – *er* musste dies ja wissen. Oder er würde es früh genug erfahren, während er freundlich mit einem sprach, ohne dass er direkt fragen musste. Wenn die Schwester die Formulare ausgefüllt hatte, waren die Eltern verwirrt und eingeschüchtert und das Kind weinte.

Nach dieser Befragung wurde der Patient in einen Untersuchungsraum geschickt, wo er eine noch erschreckendere Erfahrung machte: grelle Lichter blendeten, und Leute ganz in Weiß (in Malaysia die Farbe der Trauer) hatten einen Mundschutz umgebunden, was sie noch unpersönlicher machte. Die Ärzte und Schwestern trugen Gummihandschuhe, und die Patienten sahen darin ein Zeichen, dass sie die Menschen, die zu ihnen kamen, noch nicht einmal berühren wollten.

Nach der Untersuchung kamen Mutter und Kind wieder in den Wartesaal zurück, die Schwester griff in eine Flasche, nahm eine Handvoll Pillen hervor und sagte: »Hier, gib dem Kind vier Mal am Tag eine dieser Pillen, mit etwas Wasser, vor der Mahlzeit.« Und schließlich, um das Ganze noch schlimmer zu machen, streckte die Schwester die Hand aus und verlangte Geld!

Ein Bomoh wird nicht bezahlt. Er ist ein Nachbar, der hilft, weil er ein Freund ist. Wenn das Kind sich erholt hat, wird die Mutter ihm vielleicht ein schönes Huhn bringen, ein Stück Stoff oder einige besonders gute Früchte, die gerade reif sind – aber dies wird nicht als Bezahlung angesehen.

In der Klinik schrie die Schwester wieder »der Nächste!« – und das nun eingeschlafene, kranke Kind wurde von der Mutter über viele Meilen hinweg – zu Fuß – nach Hause in das Kampong getragen.

Um unsere Gesellschaft zu organisieren, gründen wir Institutionen, bauen Gebäude, trainieren Millionen von Menschen, um spezialisierte Tätigkeiten auszuführen. Wir fertigen unzählige Formulare an, um über das, was wir tun, Bericht zu führen. Wir bilden Armeen von Menschen aus, um andere Menschen zu beaufsichtigen, und natürlich müssen auch die Aufsichtshabenden selbst wieder beaufsichtigt werden.

Diese Systeme entwickeln ein Eigenleben. Und wir scheinen zu vergessen, dass sie aufgrund einer Idee geschaffen wurden. Alle Systeme (Gesundheitssysteme, ökonomische oder politische Systeme) sind Erzeugnisse unserer besonderen Welt- und Realitätssicht. Systeme sind der Ausdruck unserer Vorstellungen. Wir haben zum Beispiel ein enormes Gesundheitssystem aufgebaut, das in der heutigen Gesellschaft mindestens 10 Prozent aller Arbeitsplätze zur Verfügung stellt, eine riesige Menge Geld in Umlauf bringt und Tausende von Gebäuden braucht: Kliniken, Krankenhäuser und Laboratorien. Neuste Medizinwissenschaft und Technologie werden laufend integriert, doch das System gründet auf unserer Vorstellung von Gesundheit und Krankheit, Leben und Tod.

In der heutigen Zeit hat ›Leben‹ die Bedeutung von ›das Leben eines Individuums‹ erhalten. Wir glauben, der Tod sei etwas, das man besiegen, bezwingen, so lange wie möglich verleugnen müsse. Einige Ärzte sind der Ansicht, sie hätten einen ›Kampf‹ verloren, wenn ein Patient stirbt. Wir glauben, Menschen jeglichen

Alters sollten so lange wie möglich am Leben erhalten werden, egal wie die Prognose aussieht oder wie es mit der sogenannten Lebensqualität aussieht. Um dies zu verwirklichen, setzen wir unverhältnismäßig viel Geld, Technologien und Zeit beispielsweise für die mechanische Verlängerung des Atmens unheilbar kranker Menschen ein.

Wir verwenden sehr viel mehr Zeit, Geld und Energie darauf, einige wenige Menschen am Leben zu erhalten, als darauf, allen Menschen ein gesünderes Leben zu ermöglichen. Unser Glaube, ›am Leben zu sein‹ sei der höchste und wichtigste Wert, wäre vielleicht verständlich, wenn es nur noch einige wenige Menschen gäbe – es gibt aber sechs Milliarden, und morgen werden es sieben und dann acht Milliarden sein!

All unsere Systeme bauen auf dem Glauben auf, alles sei so komplex und schwierig zu handhaben, dass wir der Hilfe von Experten bedürfen, um uns zurechtzufinden. Es gibt Experten für jeden Lebensbereich. Wer auch immer irgendetwas tut, braucht dafür eine Schulung, wahrscheinlich einen Abschluss oder ein Diplom und mit Sicherheit eine Lizenz. Außer in dem kleinen Stückchen Welt, das wir selbst bewohnen, ist deshalb im Endergebnis jeder von uns machtlos. Es gibt kaum mehr Dinge, die wir selbst für uns tun können – oder die uns zu tun gestattet sind. Man macht uns glauben, für alles, was wir tun, müssten wir Experten um Rat fragen.

Weil Systeme auf Glaubenssätzen beruhen, können wir und die Experten uns nur schwer vorstellen, dass man Dinge auch auf andere Weise tun oder anderer Überzeugung sein kann. Und so halten wir unsere Realität für die einzig wahre und meinen, andere Menschen, andere Kulturen seien rückwärtsgerichtet, archaisch, unterentwickelt und so weiter.

Das Urteil, andere seien weniger wert als wir, verhindert auch, dass wir von ihnen lernen können. Wie traurig, dass wir damit den Weisheitsschatz von Generationen unserer Vorfahren wegwerfen, unterdrücken und verleugnen.

Jede Kultur hat ihre eigenen Anschauungen in Bezug auf Krankheiten. In einigen Kulturen denkt man, Krankheiten und Gebrechen seien eine Strafe der Götter. In anderen bedeutet Kranksein, dass einem erlaubt ist, eine Pause zu machen – es ist ein legitimer Grund, einen Tag frei zu nehmen. Manche Kulturen glauben, Krankheit sei eine Störung im Energiehaushalt. Die chinesische Medizin, das vielleicht älteste tradierte Heilverfahren der Welt, gründet auf der Beobachtung, dass unsere Körper mit Energiefeldern verbunden sind, die man aufeinander abstimmen oder stimulieren kann – und oft auch muss –, um wieder gesund zu werden. Kräuter, Diäten und Akupunktur (und Praktiken wie T'ai Chi) helfen gemäß der chinesischen Weltsicht, die vielen Energien innerhalb und um unseren Körper herum auszugleichen, aufeinander abzustimmen oder zu stimulieren.

Im Westen sind wir der Ansicht, Krankheit sei das Ergebnis eines Überfalls, eines Angriffs von außerhalb des Körpers, gewöhnlich durch Mikroorganismen. Das heißt, Patienten sind Opfer, und die Wissenschaftler sind gezwungen, sich einen Begriff davon zu machen, welche Organismen denn welche Krankheiten verursachen. Die Frage bestimmt natürlich die Antwort; früher oder später finden wir immer neue Organismen, die ein neues Leiden ›verursachen‹. Aber uns entgehen dabei wichtige Informationen, denn wir versäumen es, Fragen zu stellen, die in anderen Kulturen in der Regel gestellt werden. Warum zum Beispiel bekommt ein bestimmter Patient eine Krankheit, die über die Luft übertragen wird, während ein anderer, der die gleiche Luft atmet, nicht krank wird? Und bis vor kurzem haben wir uns auch nicht gefragt, wie wir denn das Immunsystem einer Person stärken könnten – wohl die häufigste Frage, die sich nicht-westliche Heiler und Heilerinnen stellen.

Die Malaien glauben, dass jede Krankheit auf einem Ungleichgewicht beruht. Die spezifische Form der Krankheit mag vielleicht das Ergebnis einer Invasion von irgendwelchen Mikroorganismen sein, aber weshalb die eine Person krank wird und die andere gesund bleibt, liegt daran, wie sehr das innere und äußere Umfeld eines Patienten im Ungleichgewicht ist. Die Malaien und viele andere wissen seit jeher um das Immunsystem, auch wenn sie es nicht so nennen.

Für die Malaien geht es bei der Heilung in erster Linie darum, Harmonie wiederherzustellen. Die malaiische Kultur ist auf ganz konkrete Weise darauf ausgerichtet, unter den Menschen und zwischen den Menschen und ihrer Umgebung Harmonie herzustellen. Sie lehrt, wie überaus wichtig es ist, die Dinge nicht aus dem Gleichgewicht zu bringen, sanfte Bewegungen zu machen, andere nicht zu beleidigen und sie noch nicht einmal in Verlegenheit zu bringen, achtsam zu gehen und leise zu sprechen. Herrscht ein Ungleichgewicht, hilft oft der Heiler oder die Heilerin, die Harmonie wieder herzustellen. Um diesen Vorgang zu unterstützen, verabreicht der Heiler – wie mir ein Bomoh erklärte – dem Patienten Kräuter, die ihm helfen, mit den Symptomen zurechtzukommen. Letztlich aber muss die Anstrengung des Heilers und des Patienten gleichermaßen darauf abzielen, in der Umgebung des Patienten sowohl das physische als auch das soziale Gleichgewicht wieder herzustellen.

Die Ureinwohner in Malaysia, so erfuhr ich, denken auf noch andere Weise über das Wesen von Krankheit. Für sie ist Krankheit ein Signal, eine Warnung: *Hey, du machst etwas falsch*! *Hör auf damit und verändere dich*! Heilen heißt für sie zuerst einmal herauszufinden, was falsch ist, was verändert oder korrigiert werden könnte. Der Fehler liegt nicht unbedingt in einer Verhaltensweise, es mag ein Gedanke sein, ein Gefühl, oder auch nur ein Wort. Es ist einfacher, eine Verhaltensweise zu ändern, als einen Gedanken zurückzunehmen, aber um wieder zu gesunden, muss dies vollbracht werden.

Heilung liegt bei den Ureinwohnern fast ausschließlich in den Händen der kranken Person selbst. Niemand kann einen im Krankheitsfall heilen – man muss es selbst tun. Ein Außenstehender kann höchstens herausfinden, was schief läuft, er kann eine Diagnose stellen – und vielleicht auch den Weg ebnen, damit Heilenergie zum Patienten gelangen kann. Als ich die Ureinwohner besser kennenlernte, merkte ich, dass einige von ihnen anderen halfen, die Ursachen der Krankheit zu erforschen. Sie taten, was wir ›diagnostizieren‹ nennen. Und sie ebneten außerdem den Weg zur Heilung oder ließen dem Kranken heilende Energie zukommen.

Ich unterhielt mich mit einigen dieser eingeborenen Heiler, die sich manchmal selbst Bomoh nannten (doch ich bin sicher, dass sie dies mir zuliebe taten, wussten sie doch, dass ich über die malaiischen Bomohs recherchierte). Die Rolle, die sie im Heilprozess einnahmen, war eine andere als diejenige der malaiischen Bomohs. Ihre Tätigkeit konnte man eher mit derjenigen eines Beraters vergleichen.

Jemanden bei der Heilung zu unterstützen, ist unserer Ansicht nach ein Beruf. In unserem Denkschema haben wir es mit

Experten und Fachpersonal zu tun. Die Ureinwohner denken nicht so. Bei ihnen gibt es keine Experten, und, wie in den meisten einfachen Gesellschaften, gibt es auch kein Fachpersonal. Für das, was sie machten, verwandten sie verschiedene Begriffe. Der Name, mit dem sie sich selbst bezeichneten, gab keinen Hinweis auf ihre Tätigkeit, sondern auf ihre Identität. Ich nannte sie Heiler; sie selbst jedoch taten dies nicht.

Die Ureinwohner waren durchweg und ganz bewusst einfache Menschen. Was der Heiler tat, war einfach: er oder sie unterhielt sich mit der kranken Person. In diesen Gesprächen wurde niemand angerufen oder um Heilung ersucht. Sie wandten sich vielleicht an Geister oder andere unsichtbare Mächte, doch letztlich waren es die Energien rund um die Krankheit, mit denen man sich besprach.

Der Heiler konnte dies auch in der Abwesenheit des Patienten tun. In diesem Fall verwendete er ein hohles Bambusrohr, das auf der einen Seite verschlossen war und so Wasser fassen konnte. Manchmal war es mit traditionellen Mustern verziert. Man goss Wasser in diesen Bambusbehälter und legte eine Münze dazu, oder sonst einen Gegenstand, der sich in der Nähe der Person mit den Schmerzen befunden hatte. Das Bambusgefäß stand für den Patienten.

Wenn der Heiler herausgefunden hatte, was nicht stimmte, wurde die Heilenergie durch das Wasser übermittelt (zu der Münze, die es dann dem Wasser übergab). Trank der Patient daraufhin das Wasser, vermochte er sich selbst zu heilen. Ich fragte, ob der Kranke denn durch das Wasser erfahre, was ihm fehle. Ja, die Botschaft, was nicht stimme, werde dem Leidenden übermittelt, wurde mir versichert.

Die Wasserheilung war farbenfroh und schien ›folkloristisch‹, doch ich hatte den Eindruck, dass es tatsächlich weitaus üblicher war, dass Patient und Heiler gemeinsam das Ritual der Heilung durchführten.

Eine Heilsitzung der Eingeborenen, der ich beiwohnte, spielte sich wie folgt ab: Zuerst bat der Heiler das ATI der kranken Person, es möge der Patientin zeigen, was sie machen solle, um die blockierte Schulter zu heilen (diese war beträchtlich geschwollen, zerbeult und offensichtlich völlig steif). Ati (oder Hati mit einem stummen h) bedeutet wörtlich ›Leber‹, wird aber auch in der Bedeutung von ›Herz‹ oder ›Gefühle‹ gebraucht; in diesem Kontext bedeutete es offensichtlich ›Seele‹ in unserem Sinn. Der Heiler ging eine ganze Liste von Möglichkeiten durch: vielleicht war die Frau wütend auf ihren Arm (es ist ein Tabu, Wut oder Aggression zu empfinden, für einen Senoi gibt es keine schlimmere Emotion, der er Ausdruck geben kann), oder vielleicht hatte sie einfach beim Wurzeln ausgraben zu hart gearbeitet. Vielleicht war jemand gegen ihre Schulter geprallt, als sie etwas auf ihrem Kopf trug und während sie verhindern wollte, dass ihre Last herunterfiel, hatte sie mit der Schulter eine falsche Bewegung gemacht.

Während der Heiler die Liste durchging, rieb er die Schulter der Frau, zuerst sanft, dann immer kräftiger. Ich beobachtete den Ausdruck der Frau. Sie verspürte sichtlich starke Schmerzen. Doch der Heiler fuhr mit seinem monotonen Singsang fort und zählte weitere Möglichkeiten auf: »Vielleicht bist du hingefallen und hast den Fall mit deinem Arm aufgefangen.«

Bevor er noch den Satz zu Ende sagen konnte, öffnete die Frau ihre Augen und schaute überrascht auf, als ob sie sagen wollte: »Natürlich, das ist es!« Der Heiler fuhr fort, ihre Schulter zu reiben, aber nun knetete er sie, damit sich, erklärte er mir nebenbei, das Gewebe löse, und so die heilende Energie erkannte, wo sie Eingang in die Schulter finden konnte.

Die Frau erinnerte sich: »Ja, ich stürzte auf dem Weg zum Wasser. Ich glitt aus und fiel auf diese Schulter.« Sie drehte den Kopf und wies mit ihrem Kinn auf die verletzte Schulter. »Ich trug ein Kind und wollte nicht, dass es sich verletzte, und so knickte die Schulter unter mir irgendwie ein ...« Und während sie dies sagte, entfuhr ihr ein Schrei, als ob sie den Sturz noch einmal erlebte.

Sie begann ihren Unterarm nach innen zu wenden, den Ellbogen nach außen, während sie die steife Hand mit der gesunden hielt. Der Heiler verstärkte gleichzeitig den Druck auf die Rückseite der Schulter, bis sich etwas bewegte. Wieder schrie die Frau auf, aber diesmal leiser als zuvor. Sie versuchte, den Arm zu bewegen, aber er blieb steif. Sie lächelte dann und sagte: »Ich kann ihn noch nicht bewegen, aber ich weiß, dass es morgen gehen wird – ich spüre, dass die Heilung wirkt.«

Am nächsten Tag war die Schulter weniger geschwollen und sie konnte ihren Arm ein wenig bewegen. Die Patientin und der Heiler hatten zusammen gearbeitet, um eine Rückkehr zum normalen Zustand zu bewirken. Doch die Patientin spürte deutlich, dass letztendlich *sie* die Heilung vollbracht hatte. Die Rolle des Heilers war es gewesen, ihr zu zeigen, was ihr Trauma verursacht hatte, und ihr heilende Energie zuzuführen.

Bei anderer Gelegenheit fragte ich einen Heiler, ob eine Krankheit manchmal von Geistern verursacht werden könne, durch schlechte Energien von außen. Ein Arzt hatte mir – mit beträchtlicher Irritation in seiner Stimme – erzählt, dass die Ureinwohner die Tuberkulose für eine Krankheit der Geister hielten. Zu dieser Zeit war Tuberkulose zu einem ernsten Gesundheitsproblem geworden. Mir fiel auf, dass Geister und einfallende Mikroorganismen (in diesem Fall die Tuberkulosebazillen) sich als Erklärungsgrund sehr ähnelten.

Der Heiler schaute mich an, überlegte eine Minute und erwiderte dann: »Krankheit ist innerlich, aber manchmal vergessen wir, auf uns achtzugeben.«

»Und was geschieht dann?«, fragte ich.

Er hielt inne und sagte dann: »Die Hustenkrankheit ist nicht unsere Krankheit; es gab sie bei uns zuvor nicht. Vielleicht brachten sie die Soldaten mit, vielleicht auch dein Volk.« Dabei runzelte er die Stirn.

Er hatte Recht. Tuberkulose ist eine der Krankheiten, die die Ausbreitung der Zivilisation begleiten. Wir, die Zivilisierten, sind es, welche Krankheiten wie Tuberkulose, Syphilis oder Pocken einschleppen, neben gewöhnlichen Erkältungskrankheiten und anderen bakteriellen und viralen Erkrankungen, die wir zu den isoliert lebenden Menschen bringen, die keine Möglichkeit hatten, dagegen Abwehrkräfte zu entwickeln.

Ich drängte ihn: »Heißt das, gegen die Hustenkrankheit könnt ihr nichts tun?«

Er dachte erneut nach: »Das ist richtig, wir können nichts tun. Erst wenn wir uns daran gewöhnt haben, können wir vielleicht wieder gesund werden.« Er blieb sehr lange still. Schließlich fügte er hinzu: »Aber ich glaube es nicht. Ich glaube, wir werden sterben.«

Er schaute mich mit einem Ausdruck an, den ich nur als ›listig‹ bezeichnen kann und ergänzte auf Malaiisch: »*Naik* ...«.

Was er sagte, schien mir sehr seltsam und ohne Zusammenhang. Wörtlich heißt Naik ›klettern‹, ›herauskommen‹ oder ›auftauchen‹. Vielleicht meinte er ›den Körper verlassen‹? Als ich ihn fragte, was er damit gemeint hätte, gab er mir keine Erklärung.

Ich dachte, es bedeute: ›*Wir sterben aus ... klettern heraus*‹ aus der Schattenwelt, wie die Ureinwohner die Welt nennen, in der wir leben.

Gegen Ende meines Aufenthaltes in Malaysia errichtete ein engagierter, junger englischer Arzt ein Gesundheitssystem für die Ureinwohner. Im Dschungel außerhalb der Hauptstadt Kuala Lumpur baute man ein Krankenhaus in einer Umgebung, von der man dachte, sie sei den Ureinwohnern vertraut; gleichzeitig war sie über eine Straße erschlossen. In die Siedlungen brachte man batteriebetriebene Funkgeräte, mit denen man bei Bedarf medizinische Hilfe anfordern konnte. Die Bewohner wurden in der Bedienung dieser Geräte geschult. Für den Transport der Patienten standen nun auch Helikopter zur Verfügung.

Das Krankenhaus wurde nicht wie eine westliche Klinik geführt. Weder die Patienten noch das medizinische Personal trugen Uniformen, und die Patienten wurden zusammen mit ihren Familien aufgenommen, die den Kranken ihr gewohntes Essen zubereiten konnten. Für die Behandlung wurden westliche Medikamente verwendet – es war die bestmögliche Art, eine Krankheit zu behandeln, welche die Ureinwohner nicht als die ihre erkannten.

Bei uns verherrlichen wir den medizinischen Eingriff, der Leben rettet. Wir setzen endlos Ressourcen dafür ein, die Lebensspanne eines Individuums um einen Tag, eine Woche, ein Jahr zu verlängern.

Wir glauben wohl, die verwendeten Ressourcen seien der Lohn unserer Anstrengung, unserer Produktivität, aber wenn wir diese Ressourcen (Bäume, Öl, Mineralien) im geschlossenen Ökosystem der Erde viel schneller verbrauchen, als sie je wieder nachwachsen können, zerstören wir diese.

Wenn wir Leben zerstören, um ein einzelnes Leben zu retten, ist unsere Zivilisation zum Aussterben verurteilt, so wie in der Tier- und Pflanzenwelt eine Spezies zum Aussterben verurteilt ist, wenn sie das fragile Gleichgewicht des Ganzen zerstört.

Die Urvölker werden eines Tages, ebenso wie die Tiger, ausgestorben sein. Man mag zwar Tigergewebe einfrieren – in der Hoffnung, künftige Generationen könnten diese Tiere wieder erschaffen. Einige wenige Tiger können vielleicht auch im Zoo am Leben erhalten werden. Aber nur ein westlicher Mensch kann ernsthaft glauben, ein Tiger könne getrennt von seinem Lebensraum existieren und ein Tiger bleiben. Der Glaube, wir könnten die Tiger retten, indem wir einige ihrer Zellen einfrieren, ist der gleiche Glaube, der die Lebensgrundlage des Tigers zerstört: der Glaube, dass wir getrennt sind. Ein Lebensraum ist mehr als nur die *Umwelt*, etwas, das wir ausbeuten können. In Wirklichkeit sind der Tiger und der Dschungel eins; das eine kann nicht ohne das andere existieren.

DAS VOLK

Sie nennen sich selbst SNG'OI, das Volk (auch SENOI geschrieben, obwohl Sng'oi, mit dem glottalen Verschlusslaut gesprochen, eher ihrer eigenen Sprechweise ähnelt). Andere geben ihnen andere Namen. Die Anthropologen und die Regierungsleute nennen sie Ureinwohner, einige sprechen von SAKAI, und wieder andere bezeichnen sie als die KLEINEN LEUTE. Sie sind schwer auffindbar und schüchtern. Ihre Landsleute nennen sie ORANG ASLI, die ALTEN MENSCHEN, weil man annimmt, sie lebten von alters her auf der malaiischen Halbinsel.

Ich hatte natürlich von den Ureinwohnern gehört, als wir nach Malaysia zogen. Sie waren sehr geheimnisumwoben. Nur wenige Menschen kannten sie; sie verließen kaum je ihren Lebensraum – die Berge und den Dschungel. Die Regierung schätzte die Zahl der noch lebenden Sng'oi auf weniger als dreißigtausend und man deutete mir gegenüber an, diese Zahl sei wohl noch stark übertrieben. Regierungsvertreter zeigten mir eine Landkarte, auf welcher eingezeichnet war, wo sich die drei Stämme der Ureinwohner befanden. Die markierten Stellen wiesen ziemlich große Gebiete mitten im Landesinneren aus. Es gab nirgends Straßen in der Nähe.

Einige dieser Ureinwohner begegneten mir zum ersten Mal während eines Besuches bei einem Anthropologen-Ehepaar, das ihre Sprache erforschte. Dieses Sng'oi-Dorf war groß und lag weit weg von der Autobahn. Es unterschied sich deutlich von jenen Siedlungen, die ich später besuchen sollte. Dies hier war ein Vorzeigedorf. Es lebten vielleicht etwas über dreißig Menschen in dieser Gemeinschaft. Das waren fast doppelt so viele wie in einer normalen Eingeborenensiedlung. Die Sng'oi haben, wie viele andere Ureinwohner auch, keinen festen Wohnsitz, es sind Halbnomaden, und sie ziehen alle paar Jahre weiter.

Die Menschen in diesem speziellen Dorf waren Besucher gewohnt. Sie hatten ihre Scheu etwas abgelegt. Wir aßen zu Mittag, eine Mischung aus importiertem ›Büchsenessen‹ und Reis – nicht die übliche Speise, wie ich später erfahren würde. Mir fiel auf, dass nur wenige Bewohner aßen – die Mahlzeit schien für die beiden Anthropologen und mich zubereitet worden zu sein.

Während und nach der Mahlzeit sprach das Anthropologen-Ehepaar angeregt mit seinem Informanten, einem aufgeweckten, älteren Mann mit einem wundervollen Funkeln in den Augen. Das kleine Haus, das die Anthropologen bewohnten, war ziemlich dunkel und voller Menschen. Die Stimmen der Wissenschaftler klangen laut in diesem engen Raum. Ich hatte manchmal das Gefühl, der Ehemann und seine Frau wollten sich mit ihren Argumenten gegenseitig überbieten. Ich hörte ihrem Gespräch nicht zu. Es schien mir sehr fachspezifisch. Aber auch wenn ich nicht an den Finessen der Linguistik interessiert war, später hatte ich mir oft gewünscht, ich hätte die Gelegenheit genutzt, um etwas über die Sprache der Ureinwohner zu lernen!

Die Dorfleute sprachen leise, und sehr ungewohnt erschien mir dabei, dass in der Regel eine kleine Pause eintrat, bevor jemand in der Gruppe etwas sagte. Ich hatte das merkwürdige Gefühl, sie besprächen sich miteinander und wählten dann wohl eine Person, die für sie alle sprechen sollte.

Nach dem Essen wurde die Unterhaltung noch angeregter; die Hütte widerhallte von Gesprächen. Ich schaute mich um und bemerkte, dass eigentlich aber nur drei Menschen sprachen: die beiden Anthropologen und ihr Informant. Die Dorfbewohner schienen verschwunden zu sein, oder vielleicht waren sie an der dunklen Wand der kleinen Hütte nicht auszumachen.

Eine winzige Frau aus dem Dorf machte nach der Mahlzeit sauber. Sie flitzte hin und her, räumte Teller und Kochtöpfe zusammen und kehrte die Matten auf dem Boden. Sie war dabei aber so leise und unaufdringlich, dass ich erst nach einigen Minuten überhaupt bemerkte, was sie tat. Sie machte kein großes Aufheben von ihrer Arbeit; sie blieb beinahe unsichtbar. Als sie in meine Nähe kam, flüsterte ich ihr etwas zu. Sie kauerte sich zu mir nieder, mit einer Tasse in der einen und dem rußschwarzen Reistopf in der anderen Hand. Ich fragte sie, ob sie in diesem Haus lebe.

Sie erwiderte mit einem strahlenden Lächeln: »Oh, ich lebe im Haus dort drüben.« Sie machte eine Kopfbewegung über ihre Schulter und wies mit ihren Lippen in die Richtung. »Ich räume immer auf. Wenn ich nicht für sie aufräumte, würde das Haus von Ameisen und anderen Tieren zerfressen. Aber erzählen Sie es *ihr* nicht – sie denkt, sie besorge den Haushalt selbst.«

Bei meiner Ankunft hatte das Anthropologenpaar erwähnt, wie viel Arbeit es mache, so zu leben wie die Eingeborenen, denn alles sei so primitiv, aber, fügte die Ehefrau hinzu, sie fühle sich dabei den Frauen nahe.

Damit hätte sich vielleicht mein Interesse an dem Volk erschöpfen können. Mein erster Besuch war eher langweilig und frustrierend gewesen. Ich fand meine Auffassung bestätigt, dass Anthropologen mit geschliffenen Argumenten einer westlichen wissenschaftlichen Theorie arbeiten, ohne dabei viel über die Menschen zu lernen, die sie eigentlich erforschen. Ich hatte während dieses Besuches fast nichts über die Ureinwohner erfahren. Und doch war ich auf seltsame Weise von ihnen in Bann gezogen.

Einige Tage später traf ich einen Lehrer, dessen Mutter eine Eingeborene war. Er räumte ein, er spreche gewöhnlich nicht über seine Verbindung zu den Ureinwohnern, fungiere bisweilen aber als eine Art Vermittler. Wenn ich interessiert sei, könne er mir etwas über sie erzählen.

Wir sprachen über das Volk seiner Mutter und er verriet mir nach geraumer Zeit, wo sich eine *wirkliche* Siedlung befand – die meisten Ureinwohner wohnten tief im Dschungel und nie in der Nähe einer Straße. Er gab mir eine Wegbeschreibung und sagte, ich solle das Auto bei einem kleinen chinesischen Laden parken, der etwa hundert Meilen von meinem Wohnort entfernt lag. »Erkundigen Sie sich im Laden«, sagte er, »und sie werden Ihnen dort sagen, wo sich der Pfad befindet, der zur Siedlung führt.«

Ich bat einen Freund, mich zu begleiten. Wir fanden den Laden ohne Probleme und fragten nach dem Weg. Es sei etwa eine Stunde zu gehen, sagten sie, und einfach zu finden.

Nach eineinhalb Stunden Fußmarsch hörten wir Stimmen, Lachen und Singen und wussten so, dass wir uns einem Dorf näherten. Wir waren müde und erhitzt von unserer Wanderung durch den Dschungel, doch diese freudigen Laute belebten uns wieder.

Als wir ankamen, lag das Dorf jedoch völlig verlassen da. Keine Menschenseele war zu sehen, kein Geräusch zu hören. Sechs leere Hütten standen verstreut auf einer Lichtung. Für gewöhnlich zog das Volk von Ort zu Ort, und so waren diese Unterkünfte sehr einfach. Sie waren hoch über dem Boden errichtet und konnten über eine steile Leiter betreten werden. Die Hütten der Sng'oi werden nur zum Schlafen verwendet. Solange es hell ist, spielt sich das Leben draußen im Freien ab.

Wir waren müde und beschlossen deshalb zu warten – in der Meinung, die Dorfbewohner würden bald zurückkehren. Wir sprachen leise, wir wollten beide die Ruhe um uns herum nicht stören. Eine Stunde verging, dann zwei. Wir warteten den ganzen Tag. Kurz vor Sonnenuntergang sahen wir das Gesicht eines alten Mannes hinter einer Hütte hervorlugen. Er näherte sich uns mit großer Scheu, und wir schauten einander eine Weile an. In der Hoffnung, er verstehe Malaiisch, sagte ich: »Wir sind zu Besuch gekommen. Ich habe andere Orang Asli getroffen und möchte mehr erfahren.« Ich erwähnte den Lehrer, der uns von diesem Dorf erzählt hatte.

Er gab uns ein Zeichen, dass wir uns hinsetzen sollten, während er sich uns gegenüber niederließ. Mit einem Lächeln, das strahlender nicht sein konnte, gab er uns ganz sachte zu verstehen, dass wir, da es nun dunkel und zum Fortgehen für uns zu spät geworden sei, ebenso gut über Nacht bleiben könnten. Er hieß uns willkommen in einer Mischung aus Sng'oi – einer Sprache mit einem faszinierenden Rhythmus und vielen Verschlusslauten –, einigen wenigen malaiischen Wörtern und Zeichen.

Mir fiel auf, dass der Mann nicht wirklich alt war, vielleicht etwas über vierzig, aber ein sehr zerfurchtes Gesicht hatte. Er war ein vollkommener Gastgeber: selbstbeherrscht, ruhig, würdevoll. Als er sich erhob, gab er mit seiner Hand ein Zeichen und sofort kamen von überall um uns herum etwa ein Dutzend Menschen mit einigen Kindern hervor.

Mittlerweile war es ganz dunkel geworden. Jemand machte ein kleines Feuer. Sie kochten ein wenig Reis – wie ich später erfuhr, war dies nicht ihr Grundnahrungsmittel, sie bewahrten im Dorf jedoch für spezielle Anlässe etwas Reis auf. Wir hatten einige

Büchsen Sardinen dabei (mein Freund, der Lehrer, hatte mir gesagt, wir sollten Essen mitbringen und Sardinen würden ganz besonders geschätzt). Jemand legte etwas Gemüse auf den Reis, der auf dem Feuer garte.

Im Dorf der Anthropologen hatte jemand vor dem Essen eine Rede für uns gehalten und sich für die bescheidene Kost und die Armut des Dorfes entschuldigt – in diesem Teil der Welt eine übliche Zeremonie und ein Ritual, das einem Mahl, an dem wichtige Besucher teilnehmen, vorausgeht. Hier jedoch machte uns der alte Mann einfach ein Zeichen, wir sollten uns um das kleine Feuer setzen und essen. Sie aßen Reis und Gemüse; wir, die Besucher, aßen Reis und Sardinen. Ich versuchte zu erklären, dass wir die Sardinen für sie und nicht für uns mitgebracht hätten. Es verging eine geraume Zeit, bis wir uns ihnen verständlich machen konnten und sie uns glaubten, dass wir die Sardinen nicht deshalb mitgebracht hatten, weil wir dem Essen misstrauten, das sie uns zubereiteten.

Als ich später dieses und andere Dörfer besuchte, brachte ich keine Sardinen oder Essensgeschenke mehr mit – oder, wenn ich es tat, offerierte ich sie erst nach der ersten Mahlzeit.

Wir blieben fast den ganzen nächsten Tag in diesem kleinen Dorf und verbrachten eine wunderbare Zeit. Nun sangen sie alle wieder, lachten und scherzten. Ich fühlte mich geehrt, auf diese Weise aufgenommen worden zu sein. Und überhaupt hatte ich mich bereits hoffnungslos in sie verliebt. Es waren die ungewöhnlichsten Menschen, die ich je kennengelernt hatte. Sie hatten keine Neurosen, keine Ängste (außer vielleicht vor Fremden). Sie besaßen eine große innere Würde, waren glücklich und zufrieden und wollten nichts für sich.

In dieser ersten Siedlung kommunizierten wir mit einer Mischung aus Worten und Gesten, die die Menschen nun mal verwenden, wenn beide die Sprache des anderen nicht kennen, und wir erfuhren, wer sie waren. Ich sollte auch noch andere Sng'oi kennenlernen, sagten sie, und dann ließen sie uns wissen, wie man zu einer weiteren Siedlung gelangte, die nicht weit entfernt lag.

Und als wir später zu diesem anderen Dorf gelangten, schlug jemand vor, wir sollten noch ein weiteres besuchen. Und so wurden wir von Dorf zu Dorf gereicht. Zur ersten Siedlung jedoch sollte ich noch viele Male zurückkehren, und es entstand eine ganz besondere Freundschaft.

Ich konnte aber nicht meine ganze Zeit darauf verwenden, von einem Dorf zum anderen zu gehen. Ich hatte ja einen Job und wollte auch Zeit mit meiner Familie verbringen. Aber es gab Wochenenden und einzelne Tage, an denen ich mich freimachen konnte.

Auf einem meiner Besuche begleitete mich mein Freund, der Lehrer. Wir wanderten zu einer weit entfernten Siedlung, die keiner von uns je zuvor besucht hatte. Es war ein langer Weg, der mindestens vier Stunden dauerte, und häufig mussten wir klettern. Die Siedlung befand sich hoch oben in den Bergen.

Bis dahin war immer jemand dagewesen, der uns am Wegesrand erwartet hatte, wenn wir im Dorf ankamen. Doch als wir uns dem Bergdorf näherten, hieß uns niemand willkommen, und auch als wir in der kleinen Siedlung ankamen, war es erstaunlich ruhig – kein Singen, kein Scherzen und kein Lachen. Die wenigen Leute, die da waren, verbargen sich aber auch nicht vor uns, und als wir fragten, was denn geschehen sei, erzählten sie uns, dass am Morgen ein kleines, nur zwei Tage altes Baby gestorben sei. Das ganze Dorf sei traurig, sagten sie.

Mein Freund, der Lehrer, schlug vor, wir sollten zum Haus des Neugeborenen gehen. Ich wollte mich niemandem aufdrängen, der trauerte, aber er versicherte mir, dass das in Ordnung sei. Als wir zu der Hütte kamen, in der das kleine Baby gestorben war, machten uns die Leute, die draußen standen, Platz.

In dieser Siedlung waren die Häuser sehr hoch gebaut. Es gab einen steilen, eingekerbten Bambusstamm, den man hochkletterte, um zu einer offenen Veranda zu gelangen, die vielleicht 70 Zentimeter breit und doppelt so lang war. Als mein Kopf über dem Boden der Veranda auftauchte, rangen die vier oder fünf Leute, die dort saßen, hörbar nach Atem. Dann kletterte der Lehrer hinter mir hoch und sagte: »Es ist alles gut, er ist einer von uns.« Sie machten uns Platz. Wir saßen um den winzigen Körper herum, der auf einem kleinen Kissen lag.

Niemand sprach.

Die Eltern des Säuglings waren leicht zu erkennen. Sie schienen nicht älter als sechzehn. Die Mutter saß, einem Fötus gleich, ganz in sich zusammengekauert da. Ab und zu rollten Tränen über ihr Gesicht. Sie machte keine Anstrengung, sie zu verbergen oder wegzuwischen. Der junge Vater saß neben ihr. Er schaute sein kleines, totes Mädchen mit einem solchen Ausdruck von Trauer an, dass es mir das Herz zerriss. Manchmal beugte er sich hinüber und streichelte das Haar seiner Frau oder hielt ihre Hand.

Sie erlaubten uns, mit ihnen zu trauern. Es war eine leise Trauer – kein lautes Schluchzen, kein Haare ausreißen, doch sichtlich ein tief empfundener Schmerz, der eine Wunde in ihrem Gedächtnis zurücklassen würde. Ich versuchte, nachzuempfinden, was es bedeutet, wenn man das erste Kind, das einem geschenkt wird, nur wenige Tage nach seiner Geburt wieder zurückgeben muss.

Vielleicht eine Stunde, nachdem wir uns auf der Veranda niedergelassen hatten, richtete sich ein Mann mittleren Alters gerade auf und fragte, ob jemand eine Kiste hätte, um den kleinen Körper darin zu begraben. Jemand reichte von der Bambusleiter etwas herauf, das aussah wie eine Schuhschachtel aus Bambusfaser. Einige verließen die kleine Veranda, andere kamen hoch, darunter ein alter Mann und eine Frau, die Eltern der jungen Mutter.

Sie führten ein Gespräch, dem ich nicht folgen konnte. Leise übersetzte der Lehrer für mich: das Baby musste mit einem Gegenstand begraben werden, der ihm während seines zweitägigen Lebens nahe gewesen war. Der einzige Gegenstand in seiner Nähe war das Kissen gewesen, auf dem das kleine Mädchen jetzt lag – ein rechteckiges, etwa 20 Zentimeter langes Kissen, das aus sehr feinen Fasern gewebt war.

»Zu schade, dieses neue Kissen zu begraben«, sagte jemand. Das Kissen war neu; man konnte es wiederverwenden.

Schließlich schlug jemand vor, nicht das Kissen sei dem toten Mädchen nahe gewesen, sondern das kleine Stück Stoff, welches das Kissen bedeckt hatte. Über diese Lösung erleichtert, legten sie das Baby in die Kiste (es gab keinen Deckel), und jemand nahm das Tuch, um es später auf das Grab zu legen.

Ein Mann mittleren Alters, offenbar ein Priester oder Schamane, trug die Kiste durch das Dorf. Wir folgten ihm in einer bunt gemischten Prozession, bis wir an den Rand des Dorfes kamen, wo einige Jungen im Teenager-Alter um eine Grube herumstanden, die sie ausgehoben hatten.

Der Schamane, der die Kiste trug, wartete, bis wir alle, wohl ein Dutzend Leute, uns um das Grab herum versammelt hatten.

Dann trat er in die Grube, die Kiste unter dem Arm, und sprach zu dem kleinen Kind:

»Du. Wir sind traurig, uns heute von dir verabschieden zu müssen. Du hast eine so weite Reise unternommen, um zu uns zu kommen, neun Monate im Dunkeln. Und nun, da du herausgekommen bist, musst du so früh wieder gehen. Hier – «, er schöpfte ein wenig Erde vom Boden, »dies ist Erde. Erde ist, woraus die Welt besteht. Du hast nie Erde geschmeckt, aber das ist, was die Welt ist.« Er strich sanft ein wenig Erde auf die Lippen des kleinen Mädchens. »Hier, schmecke sie. Zumindest wirst du so einen kleinen Geschmack von dieser Welt gehabt haben, bevor du wieder zurückgehst. Deine Mutter ist traurig, dich so schnell wieder gehen zu sehen. Dein Vater ist traurig. Wir alle sind traurig, aber wir wissen, dass du gehen musst.« Dann hielt er inne und sagte: »Wir lassen dich gehen.«

Der Schamane, der über die Kiste gebeugt stand, richtete sich auf. Er schaute die drei oder vier Jungs an, die am Rand des Grabes standen und wandte sich an sie. Der Ton seiner Stimme veränderte sich, wurde kräftig und bestimmt: »Ihr, Jungs, hört mir gut zu. Erinnert euch an dies, denn wenn ich gegangen bin, müsst ihr dies fortführen. Versteht ihr mich? Hört ihr zu? *Gebt Acht, ihr, die es weitertragen müsst.*«

Er legte die Kiste in das Grab und bedeckte sie rasch mit ein wenig Erde. Die Jungs schaufelten mit ihren bloßen Händen weitere Erde nach, bis die Grube – eine kleine Grube für einen so kleinen Körper – zugedeckt war. Das handtuchgroße Tuch, das dem Baby nahe gewesen war, wurde zuoberst auf die Erde gelegt. Dann wurde noch einmal Erde auf das Tuch gestreut und Steine oben auf den kleinen Hügel gelegt.

Dann gingen wir weg.

Dieses Volk ist sehr alt. Es stammt aus einer Zeit lange vor Ackerbau und Industrialisierung. Die Menschen sind Halbnomaden, und nur selten pflanzen sie Getreide an. Stattdessen ernten sie das, was sie benötigen, von wilden Pflanzen im Dschungel um sie herum. Wenn die kleine Lichtung, die sie für eine Siedlung freigelegt haben, wieder zuzuwachsen droht und der umliegende Dschungel sie nicht länger mit dem Notwendigen versorgt, ziehen sie weiter.

Ihre Lebensweise ist über sehr lange Zeit unverändert geblieben. Die Menschen besitzen wenige sogenannte materielle Güter, sie brauchen sie nicht und sie wollen keine Dinge besitzen, die sie mittragen müssen, wenn sie weiterziehen. Die, die ich kannte, schienen gesund, auch wenn sie für unsere Begriffe nicht lange leben. Sie sterben an Krankheiten, die sie nie zuvor kannten, Krankheiten, gegen die sie keine natürliche Abwehr bilden konnten.

Die Menschen, die ich kannte, hielten sich von der Welt fern, auch wenn sich diese ihnen aufdrängte. Der Dschungel, dem sie sich zugehörig fühlten, wurde gerodet und mit Gummibäumen und anderen Nutzpflanzen bebaut. Jedes Jahr wurde der Urwald, ihr Lebensraum, kleiner und kleiner.

Als ich einmal mit einem jungen Mann von einem Dorf zum andern wanderte, sprachen wir über ihre schrumpfende Welt. Ich fragte ihn nach den Veränderungen, die er während seines dreiundzwanzigjährigen Lebens miterlebt hatte. Als mir während unseres Gespräches auf einmal die Schwierigkeiten und Probleme, die er aufzählte, geradezu überwältigend erschienen, platzte ich heraus: »Aber was kann man denn bloß machen?«

Da lächelte er dieses Lächeln, das so liebevoll-strahlend war, dass es fast schmerzte, und das ich mit diesem Volk verband – wir, die Zivilisierten, kennen kein solches Lächeln mehr – und er sagte einfach: »Oh, wir sterben aus.«

Dies, so fühlte ich, bedeuteten seine Worte. Wörtlich sagte er: »Wir sind tot« oder vielleicht »wir sind gestorben«. Wir sprachen in einer sehr einfachen Version des Malaiischen, in der es keine klar zugewiesenen Zeitformen gibt. Ob ein Sprecher die Vergangenheit, die Gegenwart oder die Zukunft meinte, musste der Zuhörer aus dem Kontext ermitteln. Ich spürte, dass er meinte: *Wir sterben aus.*

Heute denke ich über die ausgelöschten Völker der Welt nach. Es stimmt mich traurig, dass die Menschheit in ein neues Jahrhundert eintritt und dabei die Kulturen, die Kreativität, die Weisheit und das Lächeln der Menschen zurücklässt, die wir so gedankenlos ausgerottet haben.

Ob wir es wissen oder nicht, wir sind deren Erben. Wir dürfen dieses Erbe nicht verschleudern.

Wir können nicht vergessen; wir sind es, die es weitertragen müssen.

WIRKLICHE WELT, SCHATTENWELT

Es gibt Menschen – bei uns gelten sie als bitterarm – die gut leben, ohne dafür viel zu tun. Sie haben keinen Beruf, sie sind nicht von 9 bis 17 Uhr werktätig, und überhaupt arbeiten sie für niemanden. Sie bestellen keinen Acker und Tiere versorgen müssen sie auch nicht. Sie tun tagaus, tagein einfach das, was sie am besten können. Einige betätigen sich gerne handwerklich – sie bauen Kanus, stellen Stoffe her, Töpfe oder Schnitzwerk. Andere fischen oder jagen gerne. Einige besitzen die Gabe, mit einer anderen Wirklichkeit in Verbindung zu bleiben – sie sind Priester, Schamanen oder Heiler. Und einige verstehen sich auf die Kunst, eine gute Stimmung zu verbreiten. Menschen in tiefer Verbundenheit mit der Erde oder dem Meer leben gut, auch wenn sie wenig oder nichts von dem besitzen, was wir für lebensnotwendig erachten. Leider ist es nur zu wahr, dass sie in erbärmliche Armut und Elend stürzen, sobald wir ihnen unsere Zivilisation bringen. Die mir bekannten Völker – die Ureinwohner Malaysias, die vor Gesundheit strotzenden und selbstgenügsamen Eingeborenen der pazifischen Inseln und die philippinischen Bergbewohner – sie alle unterschieden sich voneinander. Sie sprachen verschiedene Sprachen, pflegten unterschiedliche Bräuche. Doch gemeinsam war ihnen, dass sie glücklich waren. Es waren rundum zufriedene Menschen.

Es war nicht einfach, sie aufzuspüren, denn unsere offensive Zivilisation hatte sie in die unzugänglichsten Gegenden der Welt getrieben. Sie lebten von der Erde oder vom Meer. Ihre Bedürfnisse vermochten sie selbst zu stillen, und sie waren nicht auf Unterstützung von außen angewiesen. Sie fanden, was sie zum Essen brauchten. Kleidung und Unterkünfte stellten sie selbst her. Sie schnitzten Kanus und Blasrohre, sie fertigten aus den Fasern der Kokosschalen tragfähige Seile an. Und mehr als das, was sie in ihrer Umgebung finden oder was sie selbst herstellen konnten, brauchten sie nicht und wollten sie auch nicht. Sie lebten das Leben. Das Leben lebte nicht *sie*, so wie es das bei uns tut. Sie fühlten sich miteinander wohl, genossen ihr Beisammensein und bekräftigten ihre gegenseitige Verbundenheit immer wieder neu durch Berührungen: Sie schmiegten sich aneinander, wenn sie um ein kleines Feuer herumsaßen, sie schliefen gemeinsam in einem großen Haufen, sie reichten einander oft kleine Leckerbissen zum Essen und kämmten sich gegenseitig die Haare, jenen Tieren gleich, die sich zärtlich umeinander kümmern.

Die mir bekannten Sng'oi konnten weder Lesen noch Schreiben. Sie besaßen keine Schriftsprache. Sie wussten nur wenig von dem, was in der Welt draußen vor sich ging – sie kannten zwar die Weltgeschichte in großen Zügen, doch Einzelheiten waren ihnen nicht vertraut.

Sie besaßen offenbar nicht viele Dinge. Tatsächlich besaßen sie, wie ich lernte, *überhaupt keine Dinge*; sie hielten die Idee, man könne etwas besitzen, für ziemlich absurd. Das wenige, was sie benötigten, stellten sie her, von einzelnen Ausnahmen abgesehen: manchmal erwarben sie im Tausch Kleider – doch nicht sehr oft, denn eigentlich trugen sie alle nur ein kleines Tuch. Jede Siedlung besaß in der Regel zumindest eine Pfanne. Sie hatten einige Messer und PARANGS (Macheten) und sonst nichts außer: Hüte. Einige unter ihnen hatten die ausgefallensten Hüte aufgetrieben oder im Tauschhandel erworben, die ich jemals gesehen habe.

Die Ureinwohner stellen eine sehr kleine Minderheit der Bevölkerung Malaysias dar. Man hält sie für die ursprünglichen Bewohner, Menschen, die schon da waren, bevor die ›eingeborene‹ Bevölkerung Malaysias einwanderte. Doch ihre Anzahl ist so verschwindend klein geworden, dass sie oft nicht mitgezählt werden. Und was noch mehr ins Gewicht fällt: Es sind Nicht-Muslime in einem muslimischen Staat. Die offizielle Regierungspolitik scheint sie in die übrige malaiische Bevölkerung integrieren zu wollen, obwohl sie ethnisch, kulturell und sprachlich nicht mit den Malaien verwandt sind.

Ich war in Malaysia, um das Essverhalten der Malaien zu untersuchen (um, wie jemand scherzend meinte, »herauszufinden, warum sie essen, was sie essen, und nicht essen, was sie essen sollten«). Als Erstes musste ich lernen, mich von all den vorgefassten Meinungen zu verabschieden, die westliche Wissenschaftler gewöhnlich mitbringen, wenn sie auf Menschen anderer Kulturen treffen.

Die Malaien essen nicht drei Mahlzeiten am Tag; sie essen nicht Brot zum Frühstück und Sandwiches zum Mittag; sie essen keinen Salat. Sie essen zu jeder Mahlzeit Reis – und sie essen gewöhnlich zwei- und nicht dreimal am Tag. Diese Mahlzeiten sind nur selten ein Anlass, zu dem sich die ganze Familie gemeinsam hinsetzt. Für die Malaien bedeutet Familie das, was wir *Sippe* nennen. In den malaiischen Dörfern, die ich besucht habe, betrachtete man alle Dorfbewohner als Familienangehörige. Die Kinder trieben sich in kleinen Gruppen umher, die älteren halfen den jüngeren. Dabei aßen sie, wann immer sie Hunger hatten und wo immer sie gerade etwas zu essen finden konnten. Und wenn sie müde wurden, schliefen sie oft dort, wo sie gerade waren.

Die Ernährungsweise der Malaien war laut unseren Studienergebnissen einfach und zumeist ausreichend, auch wenn bestimmte Vitamine fehlten. Dies herauszufinden war Ziel unserer Forschung gewesen, und die Resultate bestätigten, was wir bereits vermutet hatten. Der Mangel entstand aber nicht, weil es in der Umgebung an Nahrung fehlte, die diese spezifischen Vitamine in ausreichender Menge enthalten hätte, sondern aufgrund von Vorstellungen der Malaien von Essen an sich.

Mir wurde bewusst, dass jene Ernährungswissenschaftler und Ernährungsberater, mit denen ich Feldforschung betrieb, fast ausnahmslos der Überzeugung waren, man müsste den Leuten nur sagen, dass sie beispielsweise Nahrung mit mehr Vitamin A zu sich nehmen sollten, und dann würden sie das auch tun. Doch tief verwurzelte Ansichten über das Essen, oder überhaupt über irgendetwas, verändern sich nicht, nur weil man jemandem sagt, er solle dies oder jenes tun. Wer in westlichen Universitäten geschult wurde, wo Wissen in isolierten Teilwahrheiten vermittelt wird, lernt beim Kontakt mit der Realität sehr bald, dass für die meisten Menschen die Art von Logik, die wir in der Schule gelernt haben, keine Gültigkeit hat.

Als ich später dann die Sng'oi kennenlernte, musste ich noch mehr vermeintliches Wissen über Bord werfen. Wie die Malaien setzen sich auch die Sng'oi nicht zu gemeinsamen Mahlzeiten hin (außer bei ganz besonderen Anlässen), aber ihre Definition von

Familie ist eine ganz andere und uns völlig fremd. Für sie ist jeder Mensch im wahrsten Sinn Familie.

Die Sng'oi speisten so, wie es die Ernährungsberater Krebspatienten empfehlen: sie aßen ›Snacks‹. Wenn sie tagsüber umherwanderten, gruben sie hier eine Wurzel aus, pflückten dort eine Frucht. Oft, wenn ich sie auf diesen täglichen Wanderungen begleitete, kaute jeder eine Weile an einer Wurzel und legte sie dann gewöhnlich in einem Baum ab, »so dass ein anderer sie finden kann, wenn er Hunger hat«, wie sie mir voller Ernst sagten. Fragte ich sie, ob dieser andere vielleicht ein Tier sein könnte, erwiderten sie: »Ja, natürlich.«

Ihre alltägliche Nahrung bestand nur selten aus Fleisch. Manchmal stellten sie Fallen auf und gelegentlich ging jemand auf Jagd. Wenn sie mit Fleisch zurückkamen, teilten sich alle, die sich gerade in der Siedlung aufhielten, den Fang des Tages.

Man sagte mir, kleine Affen seien besonders lecker. Sie zuzubereiten war ziemlich einfach und bedurfte kaum Vorarbeit. Sie öffneten den Bauch, nahmen die Eingeweide heraus, ließen die übrigen Organe im Körper und warfen das ganze Tier auf ein kleines Feuer. Das Feuer sengte fast alle Haare von der Haut, *denn die Haare bleiben zwischen den Zähnen stecken,* sagten sie.

Ich war noch nie ein großer Fleischesser, und als ein junger Mann während einer meiner Besuche zwei Affen erjagt hatte, aß ich nur wenig von dem Fleisch, das sie zubereiteten. Als die Gruppe das Mahl beendet hatte, blieb kaum etwas übrig. Wie die meisten fleischfressenden Lebewesen aßen sie alles außer Haare, Haut und Knochen (wobei sie das Mark aus den Knochen saugten). Unter den Fleischfressern bilden wir Menschen aus dem Westen, die in verschwenderischer Manier nur das Fleisch der Muskeln bevorzugen, meines Erachtens eine Ausnahme.

Ein bevorzugtes Stück des Affen, sagten sie, war die Hand und insbesondere der dicke Teil des Daumens. Die Hand eines Affen sieht aus wie eine sehr kleine Menschenhand, mit langen, sehr menschenähnlichen Fingern. Als man mir diese kleine, gleich über dem Handgelenk abgehackte Affenhand anbot, lehnte ich ab.

Die Sng'oi kauten oft Blätter. Sie aßen Früchte, wenn sie welche fanden, aber auch Insekten, Raupen und andere Tiere, von denen ich nicht gedacht hätte, dass man sie verzehren konnte. Ich lernte zum Beispiel, dass fliegende Termiten, die man nur ganz leicht in ihrem eigenen Fett anbrät, eine wahre Delikatesse sind. Alles in allem also keine schlechte Ernährung.

Einige wenige Siedlungen besaßen kleine Gärten für jene, die zum Beispiel Süßkartoffeln pflanzen wollten und dafür auch bereit waren, diese vor anderen Geschöpfen, die daran vielleicht knabbern wollten, zu schützen. Im Allgemeinen jedoch bauten die Sng'oi keine Nahrung an. Die Anthropologen zählen die Ureinwohner zu den Jägern und Sammlern. In der Zeit, die ich mit ihnen verbrachte, sah ich sie viel sammeln und sehr wenig jagen.

Ich machte mir gar nicht erst die Mühe, ihre Ernährung mit Begriffen, die westliche Wissenschaftler verstehen konnten, zu beschreiben, zum Beispiel, indem ich die tägliche Kalorienzufuhr oder den Anteil an Vitaminen, Eiweißen und Kohlehydraten gemessen hätte. (Salz beispielsweise ist für Bergbewohner nur schwierig zu bekommen. Einige Siedlungen hatten einen kleinen Behälter mit unreinem Salz und bisweilen ging jemand hin und lutschte daran.) Wenn nicht regelmäßig Essen zubereitet wird, wenn man nicht weiß, für wie viele Leute die zubereiteten Mahlzeiten berechnet sind, und wenn alle von Tag zu Tag etwas anderes essen, lassen sich keine Kategorien der wissenschaftlichen Ernährungslehre anwenden. Doch ganz offensichtlich hatte diese Ernährungsweise viele Jahrhunderte lang das Überleben der Menschen dort gesichert.

Die Sng'oi, die ich kannte, waren sehr schlank. Sie waren klein, vielleicht einen Meter fünfzig groß. Ich sah nie eine dicke Person; sie waren muskulös, aber feingliedrig. Über ihr Alter gaben sie nur vage Auskunft – in den Tropen gibt es keine Jahreszeiten, die helfen, solcherlei festzuhalten. Viele waren zerfurcht, aber sehr alte Menschen sah ich keine.

Ich lernte, viele meiner Thesen in Frage zu stellen. Zum Beispiel gab ich die Vorstellung auf, man müsse sehr hart arbeiten, wenn einem keine der Maschinen, die wir für überlebenswichtig halten, zur Verfügung stehen. Die Sng'oi hatten alle Zeit der Welt. Sie waren den ganzen Vormittag aktiv, doch wenn es dann zu heiß wurde, ruhten sie sich aus. Die meisten Menschen, die ich kannte, lebten in den Bergen im Hochdschungel, wo es nicht ganz so heiß wurde wie im Unterland, aber doch warm genug, um es zu genießen, im Schatten eines großen Baumes zu sitzen. Die Sng'oi rackerten sich nicht ab in ihren Gärten; sie arbeiteten nicht, um voranzukommen; sie waren nicht gestresst, weil sie Bürozeiten oder Zeitpläne einhalten mussten. Es gab nichts, was sie tun *mussten.* Sie genossen das Leben; sie lächelten sehr viel, sie lachten und scherzten.

Schließlich verwarf ich auch meine Vorstellung, dass Menschen, die nicht die gleichen Vorteile besitzen wie wir – unsere große Auswahl an Bildungsmöglichkeiten, die unzähligen Formen von Unterhaltung – so hart arbeiten müssten, dass ihnen gar keine Zeit mehr bliebe, sich zu vergnügen. Die Sng'oi sangen fast pausenlos – kleine melodielose Weisen. Manchmal stimmte eine weitere Person in das Lied mit ein – was eine ziemliche Meisterleistung darstellte, weil sie meines Wissens keine bekannten Lieder sangen. Auch wenn zwei – oder selten auch mehr – Menschen gemeinsam sangen, klang es immer harmonisch. Manchmal erfanden sie während des Singens neue Worte, was fast immer in viel Gekicher und Lachen endete.

Was mir von den Sng'oi am lebhaftesten in Erinnerung blieb, ist ihre Zufriedenheit, ihre *Freude*. Niemand erhob je im Zorn die Stimme. Sie besaßen die unkomplizierte Unschuld von Kindern, obwohl sie in keiner Weise kindlich und auch nicht unschuldig waren. Manchmal waren sie traurig und dann ließen sie der Trauer freien Lauf, aber meistens war es Freude, die sie zum Ausdruck brachten.

Mit der Zeit lernte ich die Sng'oi besser kennen. Aber erst als ich anfing, bei ihnen zu übernachten, wurde mir bewusst, dass sie buchstäblich in einer anderen Realität lebten. Wenn es dunkel wurde, schmiegten sie sich aneinander, um sich warm zu halten und beisammen zu sein. In den Tropen dauert die Abenddämmerung nicht lange; die Dunkelheit kommt sehr schnell. Die Luft wird kalt und die Menschen rücken näher zusammen, berühren einen Nachbarn oder fassen sich an den Händen. Die Frauen streicheln vielleicht das Haar von jemandem, der neben ihnen sitzt.

Während der Nächte, die ich bei ihnen verbrachte, versammelten sie sich oft um mich herum und ließen mich ihnen Fragen stellen. Dann befragten sie mich, sehr ruhig und sachte. Unser Zusammensein glich keiner mir vertrauten sozialen Form. Wir sprachen – aber sanft. Man wetteiferte nicht um Aufmerksamkeit. Nur ab und zu wurden einige wenige Worte gewechselt – eine Frage, eine Bemerkung oder eine schlichte Antwort. Lange Zeiten von Stille. Manchmal besaß jemand etwas Tabak und zündete eine ›Zigarette‹ (in einem Blatt gerollten Tabak) an, die in der Gruppe herumgereicht wurde. Sie fragten einander vielleicht, ob jemand diesen besonders hellen Flecken Sonnenlicht bemerkt hatte, neben dem Fluss hinter einem bestimmten Baum, oder den großen gelben Vogel, der an diesem Morgen gesungen hatte.

Der Abend war eine Zeit des Nachdenkens, des sanften miteinander Redens, des Zusammenseins. Ich wusste nie, wer miteinander verwandt war, aber die Abende fühlten sich an wie *Familie*.

Später am Abend standen sie einer nach dem anderen auf, begaben sich in eines der Häuser (oft glichen sie eher einem Vorbau oder einer wackeligen Hütte auf Stelzen) und schliefen ein. Nach und nach hatte jeder von uns einen freien Platz auf dem Boden einer Hütte gefunden, und wir schmiegten uns, eingewickelt in unsere Sarongs, an wen auch immer, der in jener Nacht gerade hier ruhte. Die Hütten gehörten niemandem bestimmten – es schien, als würden alle der vier oder fünf kleinen Behausungen allen Menschen zur Verfügung stehen, die gerade in der Siedlung lebten. Wir schliefen dort ein, wo es uns passte – und sicher auch bei dem, mit dem wir die Nacht verbringen wollten.

Ja, die Leute hatten Sex, doch sogar dieser war sanft, ruhig und diskret. Manchmal drehte sich jemand von einer Seite auf die andere und stieß vielleicht mit einem Paar zusammen, das ein bisschen zu akrobatisch oder laut war, und dann vernahm man ein Brummen. Oder man rückte von einem Paar ab, das ein bisschen viel Aufhebens von seinem Liebesleben machte. Leidenschaftliches Lieben unter jungen Leuten fand meist tagsüber statt – außerhalb der Siedlung, in einem eher verborgenen Teil des Dschungels, wie man mir erzählte.

In der Frühe wachten wir vielleicht nicht immer alle zur gleichen Zeit auf, doch wer eher wach war, lag noch still da und wartete, bis die meisten anderen erwacht waren. Und wie durch einen Zauber fanden wir uns dann irgendwie in einem Kreis zusammen, rieben die Augen, streckten und reckten uns. Jemand erzählte: »Ich sah einen Vogel, einen wunderschönen Vogel.« Ein anderer erwiderte vielleicht: »Ja, ich sah auch einen Vogel.« »Was für ein Vogel war es denn?« fragte wieder ein anderer. Und so schufen wir gemeinsam eine Geschichte mit Bildern aus unseren Träumen.

Was die Sng'oi einander erzählten, waren für sie nicht Träume in unserem Sinn. Für sie ist die Welt, in der wir leben, die Schattenwelt, und die wirkliche Welt liegt dahinter. In ihrer Vorstellung besuchen wir nachts die wirkliche Welt, und morgens teilen wir miteinander, was wir dort gesehen und gelernt haben. Die Geschichten, die aus der Erinnerung dessen gewoben wurden, was vier oder fünf Menschen aus der wirklichen Welt mitgebracht hatten, bestimmte die Farbe des Tages.

Manchmal übernahm jemand aus der Gruppe die Aufgabe, die anderen Anwesenden nach ihren Erlebnissen zu fragen: »Und was ist mit dir? An was erinnerst du dich?« Ein anderes Mal entspann sich die Geschichte spontan. Und manchmal gab es überhaupt keine Geschichte. War aus den Bildern, die wir einander erzählten, eine mehr oder weniger zusammenhängende Geschichte entstanden, *lebten* wir, die wir unter diesem Dach geschlafen hatten, diese an jenem Tag auch – daran gab es keinen Zweifel. Meist waren es schlichte Geschichten: Ein Vogel hatte den Weg zu einem Baum gewiesen, der Früchte trug. Später am Tag fand dann jemand diesen Baum tatsächlich, und natürlich trug er reife Früchte. Oder die Geschichte handelte von einem schlimmen Sturm. Die Menschen blieben den ganzen Tag in der Nähe der Hütten, und am späten Nachmittag zog dann wirklich ein schwerer Sturm auf.

Bisweilen handelten die Geschichten von etwas, das alle betraf, alle Menschen in dieser Siedlung, oder vielleicht sogar alle Sng'oi. In solch einem Fall legten sie großen Wert darauf, dies so rasch wie möglich mit allen zu teilen, die in den anderen Hütten geschlafen hatten. Es dauerte vielleicht einen ganzen Morgen, bis die Geschichte allen überbracht war. Soweit ich beobachten konnte, wurden keine Versammlungen deswegen einberufen, doch wenn aus dem morgendlichen Erzählen von Träumen eine ernste Geschichte hervorging, war klar, dass alle Menschen in der Siedlung diese schließlich hören würden.

Dies alles erlebte ich schon gleich zu Beginn meiner Zeit mit den Sng'oi. In jenem Dorf, das ich als das ERSTE DORF bezeichnete, die erste Siedlung, die ich besucht hatte, war es auch, dass während einer meiner Übernachtungen eine wichtige Geschichte aus etwas hervorging, was *ich* aus der wirklichen Welt zurückgebracht hatte. Sie machte einen tiefen Eindruck auf mich, denn sie war zu einem Teil aus meinem Traum heraus entstanden. Es war ein besonders lebendiger Traum über einen der Hunde meiner Familie, einen tiefschwarzen Straßenköter, der zu dem Haus zu gehören schien, das wir in einer Vorstadt von Kuala Lumpur gemietet hatten. Wir hatten zwar versucht, uns dieses Hundes zu entledigen – tatsächlich hatten wir gleich nach unserem Einzug den armen Hund in unserer Einfahrt überfahren – aber er ließ sich nicht zum Gehen bewegen. Wir versuchten, ihn wegzujagen; aber er kam immer wieder zurück. So adoptierten wir ihn schließlich und nannten ihn JAGA, was auf Malaiisch ›Wächter‹ oder ›Beschützer‹ heißt. Jaga war in meiner Erinnerung kein besonders guter Wachhund, aber er war da.

In meinem Traum hatte Jaga, der ein sehr ruhiger Hund war, so laut gebellt, dass ich hinausging, um nachzuschauen, was los war. Ich konnte den Hund nirgends sehen, und dies ließ mich nichts Gutes ahnen. Ich erwachte beklommen und erzählte den Traum. Eine Frau sagte, es handle sich um einen Warntraum. Alle waren sich einig, dass es ein guter Traum sei, aber sie wollten mehr wissen. Da ich den Hund in meinem Traum nicht hätte sehen können, müsse es ein Warngeist gewesen sein, sagten sie. Die Frau, die mir gegenüber saß (wir waren an diesem Morgen, glaube ich, zu viert oder zu fünft in der Hütte), fragte, was ich denn nach dem Hinausgehen, als ich den Hund nicht sehen konnte, getan hätte. Ich versuchte mich an weitere Einzelheiten zu erinnern. Es war kein unangenehmer Traum gewesen, doch auf eine seltsame Weise ... ja, ich hatte es als Warnung empfunden. Ich konnte mich nicht entsinnen, was ich gemacht hatte, nachdem ich hinausgegangen war und Jaga nicht finden konnte. Es war dunkel gewesen. »Natürlich, der Hund ist ja auch sehr schwarz«, sagte ich.

»War es Nacht?« fragte die Frau.

»Ja.« Jetzt erinnerte ich mich.

»Es war sehr früh am Morgen.«

Alle nickten wissend; es bedeutete, dass es sich um eine Warnung für diesen Tag handelte. Ein Mann, der zu meiner Linken saß, fragte, ob es ein anhaltendes Gebell gewesen war oder ob es sich um ein kurzes, scharfes Bellen gehandelt hatte.

Bevor ich antworten konnte, sagte das kleine Mädchen zu meiner Rechten, es hätte dieses Geräusch auch gehört, aber gedacht, es sei ein hustender Tiger. Wir saßen alle schweigend da. Dann erinnerte ich mich: es war ein scharfes Bellen gewesen. Tatsächlich konnte es sich also auch ganz gut um das Husten eines Tigers gehandelt haben, eher sogar als um Jagas ziemlich schüchternes Bellen. Tiger haben viele Stimmen – das Brüllen, das wir oft mit ihnen in Verbindung bringen, hat eine ganz bestimmte Bedeutung, während ein scharfes Hustengeräusch etwas anderes bedeutet. In der Tat, es könnte eine Warnung gewesen sein.

Alle in der Gruppe schwiegen. Ich dachte, vielleicht sei ein Tiger des Nachts draußen gewesen und ich hätte sein Bellen gehört und einen Traum um dieses Geräusch herum aufgebaut, indem ich das Husten des Tigers zum Bellen unseres Hundes Jaga machte.

Wie wenn der Mann zu meiner Linken meine Gedanken gehört hätte, ergriff er das Wort und sagte: »Seit einiger Zeit haben wir in der Nähe des Dorfes keine Tiger mehr gesehen, aber natürlich kann es immer wieder vorkommen.« Dann wandte er sich zu mir und fragte, ob ich schon jemals zuvor von einem Tiger geträumt hätte.

»Ja«, erzählte ich ihm. Tatsächlich träumte ich recht häufig von Tigern. Ich war ein wenig beschämt, aber ich gab zu, dass ich Tiger mochte. Sie lächelten alle.

»In diesem Fall«, sagte die Frau, »ist die Warnung für dich und nicht für uns.«

Sie schaute in der kleinen Gruppe umher und fragte, ob sich noch jemand an irgendeine Art Warnung erinnerte. Niemand sonst hatte etwas gehört – nur das kleine Mädchen hatte gemeint, es sei das Bellen eines Tigers gewesen.

Andere warfen ein: »Es gibt viele andere Tiere, die dieses Hustengeräusch von sich geben.« Daraufhin ahmten sie den Klang eines Schweines und anderer Tiere nach. Nein, sagte das kleine Mädchen ziemlich ernst, sie denke wirklich, sie habe diesen bestimmten Tigerklang gehört, wenn auch aus weiter Entfernung.

»In diesem Fall«, sagte die Frau, die an diesem Morgen die Rolle der Traumdeuterin übernommen hatte, und wandte sich dem kleinen Mädchen zu, »bedeutet es, dass du die Warnung gehört hast, die BAH WOO vernommen hat.« (Bah Woo war der Name, den sie mir damals gegeben hatten.) »Du hast die Warnung gehört, die für ihn gedacht war.« Sie wandte sich zu mir und sagte: »Vielleicht besteht die Gefahr in deinem Haus, nicht hier.«

Alle Menschen im Kreis schauten mich voller Mitgefühl an. Der Mann zu meiner Linken legte seine Hand auf meinen Arm und sagte: »Zu Hause braucht dich jemand.«

Ich konnte dort nicht anrufen, und so brach ich kurz danach auf. Als ich zu Hause ankam, erfuhr ich, dass eines meiner Kinder einen medizinischen Notfall hatte. Ich war froh, dass ich auf die Sng'oi gehört und mich beeilt hatte.

Es liegt eine große Kraft darin, die Erinnerung an die wirkliche Welt mit einer Gruppe von Menschen zu teilen, mit denen man aneinandergeschmiegt die Nacht verbracht hat. Wenn ich es aus westlicher Sicht heraus betrachte, komme ich zu der Überzeugung, dass es ganz gut möglich ist, dass Menschen, die so nahe beieinander schlafen, einen Teil ihrer Trauminhalte miteinander teilen. Wie die Sng'oi bin ich heute davon überzeugt, dass wir während des Schlafens die wirkliche Welt besuchen und wenn wir Erfahrungen von dort zurückbringen können, mag uns dies vielleicht helfen, den Tag hier in dieser Schattenwelt zu meistern.

Sogar als ich weit entfernt von den Sng'oi weilte, wurde es mir zur Gewohnheit, jeden Morgen, bevor ich mein Tagwerk begann, einige Minuten damit zu verbringen, mich, so gut ich konnte, der Erfahrungen in der Traumwelt zu erinnern. Wenn ich es für mich allein tat, funktionierte es zwar weniger gut als in einer Gruppe von Menschen, aber oft entdeckte ich eine Botschaft, ein Thema, das meinem Tag die Farbe gab.

Einige Monate später – ich arbeitete zu dieser Zeit als Vorhut eines Umfrageteams zu einer Ernährungsstudie – hatte ich einen ungewöhnlichen Traum. Die Art und Weise, wie die Umfrage durchgeführt wurde, bereitete mir zunehmend Stress und meine Rolle dabei war für mich so beschämend geworden, dass ich es kaum mehr ertrug. Ich setzte meine Arbeit gegen mein besseres Wissen und Gewissen fort – ich wusste einfach nicht, wie ich »Nein« sagen konnte. Ich hatte das Gefühl, dass einige der Wissenschaftler, die diese Umfrage geplant hatten, sich weder um die ethische Vertretbarkeit des Projektes noch um die Leute scherten, die sie dazu benutzten.

Meinen Traum träumte ich gegen Ende der Umfrage; ich war damals wütend, frustriert und beschämt. Es war ein dunkler Traum, ein Albtraum; er riss mich aus einem unruhigen Schlaf. Er war nur undeutlich gewesen und erschreckte mich dennoch – ich konnte nicht sagen, wieso. Ich beschloss, mir vorzustellen, ich befände mich in einer Gruppe von Menschen in einer Siedlung der Sng'oi und teilte den Traum mit ihnen. Ich selbst konnte nicht viel mit dem Traum anfangen – eine Art namenlose Furcht hatte mich zu sehr ergriffen – und so rief ich mir einige Menschen ins Gedächtnis, an die ich mich erinnerte, und erzählte ihnen den Traum.

In diesem Traum saß ich am Steuer eines Wagens, der nicht mir gehörte, und war mit großer Geschwindigkeit unterwegs. Ich konnte mich nicht erinnern, wohin ich fuhr, auch wenn das Gefühl zurückblieb, dass ich wohl vor etwas floh. Im Traum war es dunkel.

Mein imaginäres Erzählen des Traumes ergab Folgendes: Eine junge Frau, von der ich mir vorstellte, sie säße neben mir, begann zu zittern und sagte: »Ich kann mich ebenfalls an einen dunklen Ort erinnern, und es war kalt.« Ja, tatsächlich war es in meinem Traum ebenfalls kalt gewesen.

Dann sagte eine ältere Frau, von der ich mir vorstellte, dass sie mir gegenüber saß, dass sie von einem Ort zurückkomme, der dunkel und kalt gewesen sei, und eine Stimme hätte zu ihr gesprochen – doch sei es keine menschliche Stimme gewesen, fügte sie hinzu. Ein Raunen ging durch die Gruppe der insgesamt sechs Menschen, die mich in meiner Vorstellung umgaben. Ja, die anderen hatten diese Stimme, die nicht menschlich war, ebenfalls gehört. »Die Geisterstimme«, flüsterte jemand.

Sie wandten sich alle mir zu und baten mich, mich zurückzuversetzen – es sei sehr wichtig, denn es handle sich um die Stimme eines Geistes. Woran könne ich mich sonst noch erinnern?

Langsam fielen mir wieder Einzelheiten ein. Ja, es war kalt und dunkel, und ich hatte eine Stimme gehört, eine Stimme aus einem Radio. Ich erklärte meinen imaginären Freunden, was ein Radio sei: eine körperlose Stimme, die aus einer Maschine komme. Die Stimme gehöre zu einer weit entfernten Person, nicht zu einem Geist.

Ein junger Mann ergriff das Wort und sagte, die Stimme aus der Kiste käme wahrscheinlich von der Regierung. Ob ich denke, die Stimme sei die Stimme der Regierung gewesen?

Ja, nun, wo du es sagst – sie hätte in der Tat wie eine offizielle Warnung geklungen ... vor einem Krieg?

Im gleichen Moment dachte ich: »Wie seltsam – es herrscht kein Krieg«. Natürlich waren wir während der Umfrage für vielleicht einen Monat lang fast völlig von der Welt draußen abgeschnitten gewesen. Wir hatten keine Nachrichten gehört; wir hatten nicht einmal Zeitungen gelesen.

Die imaginäre Frau, die mir gegenübersaß und die mittlerweile ziemlich real schien, sagte: »Geh wieder zurück und fahre den Wagen. Es gab eine Warnung von der Regierung. Was besagte sie?«

Plötzlich erinnerte ich mich an den ganzen Traum. Es war tatsächlich eine Warnung der Regierung über das Radio, eine von diesen monotonen Stimmen, die irgendeine Art von Notfall verkündete und Anweisungen gab, dieses oder jenes zu tun. Es hatte mich so sehr beunruhigt, dass ich davonrannte, in meiner entsetzlichen Angst vor dem, was diese körperlose Stimme verkündet hatte. Ich versuchte, meinen Freunden zu erklären, dass ich aus Furcht wegrannte. Oh ja, sie verstanden das sehr gut – eine Art Panik. Ja, sie konnten sie auch fühlen. Die ganze imaginäre Gruppe hielt gespannt den Atem an. Was bedeutete dies alles für mich?

Ein sehr junges Mädchen sagte unvermittelt, es habe einen großen schwarzen Vogel gesehen. (Kinder sehen in der wirklichen Welt oft Vögel). Als man es fragte, welche Art von Vogel es denn gewesen sei, fing es an zu weinen. »Es war kein lebendiger Vogel«, sagte das Mädchen, »er war sehr groß, so groß wie ...« Es konnte sich nichts derart Großes vorstellen.

Eine junge Frau, die neben dem kleinen Mädchen und mir saß, nahm es auf den Schoß und tröstete es. »Was tat der Vogel?« fragte sie.

»Der Vogel kackte«, sagte das kleine Mädchen »und was er fallen ließ, machte beim Aufschlagen auf den Boden ein schlimmes Geräusch.«

»Ein schlimmes Geräusch?«, fragte jemand und kicherte fast ein bisschen.

»Ja«, sagte das kleine Mädchen, »der Kot machte *Plopp*«, und es klatschte die Hände zusammen. »Aber viel lauter, als ich es machen kann«, fügte es hinzu. »Was er fallenließ, machte *Plopp, Plopp.*«

Dem Mädchen war es offensichtlich ernst. Alle waren still.

Ich beschloss, nun sei es genug mit meinem imaginären Traumerzählen. Ich erinnerte mich jetzt an meinen Traum und ich konnte auf rationalere Weise darüber nachdenken. Der Traum war unangenehm, dunkel und kalt gewesen, und er enthielt eine Warnung, in der es um etwas ging, was ich nicht einzuordnen vermochte. Die Warnung vor einem Krieg löste in mir Erinnerungen an die Zeit aus, als ich in Holland im Zweiten Weltkrieg fünf Jahre unter deutscher Besatzung lebte – eine dunkle, kalte, sehr unangenehme Zeit meines Lebens. Ich kam zu dem Schluss, der Traum sei meine Antwort auf die Wut und Frustration, welche die Umfrage in mir auslöste. Menschen aus dem Westen sind gut darin, Dinge einfach umzudeuten, insbesondere schlechte Dinge. Ich versuchte, wieder einzuschlafen, doch es gelang mir nicht.

An diesem Tag schloss das Umfrageteam wieder zu mir auf, wie immer nach einigen Tagen. Wir hatten bis dahin wohl acht malaiische Dörfer befragt und befanden uns im Westen Malaysias.

Wir übernachteten in einem Gästehaus der Regierung in der Nähe von Alor Star. Es sollten nach dem Dorf, in dem jetzt gearbeitet wurde, noch zwei weitere Dörfer befragt werden. Das Team beendete die Arbeit am Nachmittag.

Gegen Abend schlenderte ich mit einigen malaysischen Teammitgliedern durch die Straßen von Alor Star. Es war kurz vor Sonnenuntergang. In einer Straße packten Wahrsager ihre Utensilien zusammen, um nach Hause zu gehen. Einer von ihnen besaß einen Vogel, dessen Aufgabe es war, eine Schicksalskarte aus einem Kartenspiel zu picken, erklärten mir meine Freunde. Als ich vorbeiging, hatte der Wahrsager gerade den Vogelkäfig zugedeckt.

Ich wandte mich neugierig nach dem Vogel um. Es schien ein sehr gewöhnlicher Ara. Der Wahrsager sah mich an, machte ein finsteres Gesicht und sagte, es sei nun zu spät, mir die Zukunft zu lesen.

Als ich mich zum Gehen wandte, stieß er hervor: »Du hast vier Söhne und wirst sie morgen sehen«.

Ich entsinne mich, dass ich mich erstaunt an meine Freunde wandte: »Wie konnte dieser Mann wissen, dass ich vier Söhne habe? Darin hat er sich nicht getäuscht. Aber morgen werde ich sie *nicht* sehen, denn bevor wir nach Hause fahren können, liegt noch fast eine Woche Arbeit mit der Umfrage vor uns.«

Einige Minuten später kamen wir im Gästehaus an. Für die Amerikaner im Team lag eine Nachricht vor, die besagte, dass die internationale Lage gespannt und unsicher sei und alle Amerikaner so rasch wie möglich nach Kuala Lumpur zurückkehren sollten. Am nächsten Morgen, noch vor Tagesanbruch, werde am Penang Airport ein Flugzeug auf uns warten.

In der Morgendämmerung gingen wir nach Penang und wurden nach Kuala Lumpur geflogen.

Und ich sah tatsächlich meine Söhne.

Zum Glück schaffte es US-Präsident Kennedy, die Krise, die man später ›Kubakrise‹ nannte, zu bewältigen.

Etliche Monate später – ich hatte immer mehr das Gefühl, sie nun besser zu kennen – erzählte ich einer Gruppe von Sng'oi diesen Traum, und wie ich sie mir im Kreis um mich herum vorgestellt hatte und sie mir halfen, den Traum zu deuten. Es war Abend, und wir erzählten uns Geschichten. Sie hielten es für ziemlich normal, dass ich mich mit imaginären Menschen ausgetauscht hatte. Obwohl sie die Vorstellung nicht sehr mochten, von ihrem Dorf entfernt zu sein, so würden sie sich, wären sie je getrennt, auf jeden Fall vorstellen, mit ihrem Volk zusammen zu sein, besonders morgens, wenn sie miteinander teilten, was sie in der wirklichen Welt gesehen hatten.

Als ich dann zu den großen dunklen Vögeln kam, deren Kot mit lautem Getöse *Plopp!* machte, rang die Runde hörbar nach Luft. Ich irrte mich in der Annahme, ich sei der einzige, der dieses Bild verstehen konnte. Sie schienen alle über Flugzeuge, die Bomben fallen ließen, Bescheid zu wissen.

Ein langes Schweigen folgte. Niemand schien die Stille stören zu wollen. Ich hatte ein schlechtes Gewissen, meine sogenannte zivilisierte, kriegsführende Welt in ihre Siedlung gebracht zu haben. Ich war besorgt, dass sie nun Albträume haben würden. Ich versuchte, das Thema zu wechseln und witzelte über irgendetwas anderes.

In dieser Nacht suchten wir erst sehr spät die Hütten auf. Während ich schlief, berührten mich mindestens acht Arme.

Am nächsten Morgen schien niemand schlecht geträumt zu haben. Die Geschichte in unserer Hütte war leicht, sie handelte von einem Vogel, der andere Vögel herbeirief, um eine riesige Blume zu besichtigen. Ich schenkte ihr nicht viel Aufmerksamkeit. Sie schien mir nicht wichtig.

Später an diesem Morgen nahm mich das jüngste Kind in unserer Hütte bei der Hand und sagte:

»Komm, lass uns die Blume schauen gehen.«

Einen Augenblick lang wusste ich nicht, welche Blume das Mädchen meinte, aber dann entsann ich mich der morgendlichen Geschichte. Ich lächelte. Ich nahm an, dass wir nicht tief in den Dschungel hineingehen würden, aber das Mädchen führte mich ziemlich weit vom Dorf weg, während es die ganze Zeit über die Pflanzen sprach, die es sah, über die Tiere, von denen es wusste, dass sie sich vor uns versteckten – nein, vor *mir* versteckten. »Sie kennen dich noch nicht«, sagte es. »Wenn du ein anderes Mal wiederkommst, wirst du sie sehen.«

Wir gingen gemächlich und folgten einer Art Pfad und nach einer geraumen Weile gelangten wir zu einer Lichtung. Andere Menschen aus der Siedlung waren bereits dort und hatten sich an den Rand der Lichtung gesetzt. In der Mitte befand sich eine riesige Blüte am Boden. Es war keine Pflanze sichtbar. Die Blüte stank außerordentlich, was niemanden zu stören schien. Ihre dunkelvioletten Blütenblätter sahen aus wie sehr altes, sehr verwestes Fleisch, und so rochen sie auch.

Wir saßen da und betrachteten die Blüte, dann gingen wir zurück, eine kleine Gruppe nach der anderen.

Ich fragte, wieso sie gekommen seien, die Blüte anzusehen. Sie konnten meine Frage nicht verstehen. Denn die Geschichte war doch in unserer Hütte entstanden, als wir uns die Träume erzählt hatten. Natürlich wollten sie diese betrachten; die Träume hatten sie geheißen, diese ungewöhnliche Blume anschauen zu gehen.

Später erfuhr ich, dass die RAFFLESIA tatsächlich sehr selten ist – nur wenige Menschen haben sie je gesehen. Es ist eine Schmarotzerpflanze, die im Dschungel von Malaysia und Sumatra wächst, ihre Blüten erreichen bis zu einem Meter Durchmesser, sichtbare Stängel, Wurzeln oder Blätter hat sie keine. Es ist kein Pilz, sondern eine Pflanze und wie die Enzyklopädie sagt, besitzt sie fleischige Blütenblätter, die einen durchdringenden Gestank verströmen. Ja, in der Tat!

Doch diese kleine Episode gab mir viele Fragen auf. Woher wussten die Sng'oi, wohin sie gehen mussten, um die Pflanze zu sehen? Ich konnte mich nicht erinnern, dass irgendjemand erwähnt hätte, *wo* sie sich befand. Aber ich war ja auch nicht besonders aufmerksam gewesen, als die riesige Blüte zuerst in unserem frühmorgendlichen Gespräch über unsere Träume aufgetaucht war. Ich hatte es nicht für wichtig erachtet.

Ich beschloss, die Siedlung am späten Nachmittag des gleichen Tages zu verlassen. So konnte ich noch vor dem Dunkelwerden mein Fahrzeug erreichen, und dann hatte ich noch etwa eine Stunde bis nach Hause. Wir standen da und verabschiedeten uns. Ich hatte das Gefühl, ich müsste mich für die Geschichte über den Krieg und die Flugzeuge und die Bomben entschuldigen. Einer der beiden älteren Männer des Dorfes nahm mich am Arm und wir entfernten uns ein wenig.

»Denke nicht, dass wir nicht wissen, was in deiner Welt vor sich geht«, sagte er. »Hab keine Angst, uns Dinge über deine Welt zu erzählen. Wir hören es lieber – viel lieber – von dir als von irgendjemand anderem. Wir müssen es wissen.«

Ich schaute ihn an. Er schien tief in Gedanken versunken. Ich wartete.

»Lange Zeit konnten wir uns vor der Welt verbergen«, sagte er. »Wir konnten wir selbst sein. Bald wird es uns nicht mehr gelingen, uns zu verstecken. Dann können wir nicht mehr Menschen (Sng'oi) sein.«

Ich erinnere mich, dass seine genauen Worte waren: *Einst konnten wir noch vergessen sein. Nun gibt es keinen Platz mehr, um vergessen zu sein.* Dies ist alles, woran ich mich erinnere; ein Tonbandgerät hatte ich nie dabei.

Er hielt noch einmal inne, bevor er wiederholte: »Wir müssen es wissen.«

Dann ging er davon, ohne zurückzuschauen.

LESEN UND SCHREIBEN

Wenn wir von Bildung sprechen, meinen wir damit alles, was uns befähigt, in der zivilisierten Gesellschaft zu leben. Ich erinnere mich an die Zeit, die ich mit Menschen verbrachte, die wir *Primitive* nennen. Sie konnten nicht lesen, weil sie dafür keine Verwendung hatten. Dies hieß nicht, dass sie dumm waren. Bildung hat wenig mit Intelligenz zu tun. Tatsächlich geht die Form von Intelligenz, welche die Menschen brauchen, um in der Wildnis überleben zu können, gewöhnlich durch unsere Erziehung verloren.

Die Sng'oi besitzen keine Schriftsprache. Ihre Sprache zu erlernen, ist schwierig. Linguisten meinen, sie sei mit der Sprachfamilie der Mon-Khmer verwandt. Dagegen ist sie mit den vielfältigen Formen des Indonesischen/Malaiischen, das die Völker sprechen, mit denen die Sng'oi heute zusammenleben, nicht verwandt.

Zu der Zeit, als ich die Sng'oi kennenlernte, waren ihre Dörfer lediglich winzige Siedlungen, die aus vier, fünf Häusern bestanden, die nur solange dort standen, wie das Volk an diesem Ort blieb – einige Jahre vielleicht. Die Siedlungen befanden sich tief im Bergdschungel, im Innern Malaysias, und es gab (außer bei ein oder zwei Siedlungen) keinerlei Straßen in der Nähe. Wir gelangten zu ihnen auf Pfaden, die manchmal deutlich erkennbar waren, manchmal auch einen Führer erforderten. Natürlich gab es weder Telefone noch Elektrizität noch Kaufläden in der Nähe – keine der Annehmlichkeiten des Lebens, die wir für selbstverständlich halten.

Ich wollte die Sprache lernen, und so trug ich immer ein kleines Notizbuch bei mir, in dem ich in der phonetischen Schrift, die die Anthropologen benutzen, Wörter der Sng'oi aufschrieb. Schon bald fragte mich jemand nach diesen geheimnisvollen Kritzeleien in meinem Notizbuch. Ich erklärte ihm, so gut ich konnte, dass jedes Zeichen für einen Klang stand. Indem ich einen Klang (genauer: ein Phonem) nach dem anderen zusammensetzte, konnte ich die Worte ihrer Sprache lernen. Sie fanden dies unglaublich lustig. Sie verstanden zwar, dass ich ihre Sprache lernen wollte, aber wieso das Gekritzel? Konnte ich mich denn nicht einfach erinnern?

Es waren nicht die Kritzeleien, sondern meine Unfähigkeit, mir diese zu merken, was sie so belustigte. Ich versuchte es mit Erklärungen, bis ein netter Mann, der bisher geschwiegen hatte, sagte, er wolle Schreiben lernen. Ja, sagten die anderen daraufhin, sie wollten das auch. Ich erklärte mich dazu bereit, es ihnen beizubringen. Morgen, sagten sie. Ich wusste, dass dies nicht ›am nächsten Tag‹ hieß, sondern ›bald‹.

An diesem Abend dachte ich darüber nach, wie ich sie unterrichten könnte. Jeder Buchstabe steht für einen Klang, eine Kombination von Buchstaben für Worte ... Ich war mir in keiner Weise sicher, wie ich ihnen die Grundlagen des Lesens und Schreibens beibringen sollte. Doch ging ich mit dem beruhigenden Gedanken schlafen, dass sie es wohl am anderen Tag sowieso vergessen haben würden.

Der nächste Tag kam und ging, ohne dass jemand ein Wort über den Schreibunterricht verlor. Sie waren an diesem Tag besonders beschäftigt, weil zwei junge Männer beschlossen hatten, frühmorgens auf Jagd zu gehen. Die Sng'oi jagten nur selten; sie benutzten dafür Blasrohre und vergiftete Pfeile; häufiger aber bauten sie ausgeklügelte Fallen, um eine Vielzahl von unterschiedlichen Tieren zu fangen. Die Jäger kamen am Nachmittag mit zwei kleinen Affen zurück, die sie ausnahmen und auf ein Feuer legten. Der Gestank von versengtem Haar war penetrant; es gab wenig Wind, und so hing der Geruch die ganze Nacht über in der Luft.

Am nächsten Morgen sagten sie, jetzt wollten sie Schreiben lernen. Das ganze Dorf setzte sich hin – über zwölf Menschen jeglichen Alters, auch die ganz Kleinen.

Ich schrieb auf den Erdboden: »*A* steht für den Klang *ah*«. Dann kritzelte ich wieder: »*B* steht für den Klang *buh*«. Wir wiederholten alle zusammen einige Male *ah* und *buh*.

»Nun setzt diese beiden Klänge zusammen, um ein Wort daraus zu machen«, sagte ich.

Sie alle sangen laut »*Ah-buh*«. Dies ergab jedoch kein Wort.

»Nun anders herum«, hielt ich sie an.

Jetzt sagten sie alle zusammen »*Buh-ah*«. Und nun schneller: »*B-ah*«. Ha! Sie erkannten dieses Wort wieder (*bah* heißt so viel wie ›Herr‹). Sie nannten mich zu dieser Zeit BAH WOO (woo war mein Nachname, so wie er für sie klang).

Sie waren begeistert. Sie konnten *bah* schreiben. Sie tanzten herum, sangen einander vor und scherzten. »Mehr«, sagten sie. »Wir wollen mehr«. So lernten sie sehr schnell weitere Buchstaben und setzten diese zusammen, um andere Wörter daraus zu formen.

Nach der ersten Stunde war mir klar, dass sie mir um vieles voraus waren. Schließlich kannten sie ja die Sprache. Ich dagegen beherrschte weder ihre Sprache, noch wusste ich, wie man die Grundlagen der Schrift lehrt. Sie korrigierten mich, wenn ich ein Wort falsch betonte oder es falsch aussprach. Ihre Sprache hat eine Vielzahl von seltsamen und harten Konsonanten, die im Malaiischen, das insgesamt eine sehr ›weiche‹ Sprache ist, nicht vorkommen. Malaiisch/Indonesisch gilt als die Ursprache, unter anderem der polynesischen Sprachen, die viele Vokale besitzen und nur wenige Konsonanten.

Es war erstaunlich, wie schnell und wie gut sie alle auswendig lernten. Es schien, dass sie alles behielten, was sie einmal gehört und verstanden hatten. Das oberste Unterrichtsprinzip, das uns beigebracht wird, ist das Wiederholen. Ein Lehrer in unserer Welt wiederholt und wiederholt und wiederholt die Lektion, bis sie sich im Gedächtnis des Schülers einprägt – so glauben wir, unterrichten und lernen zu müssen. Wenn die Sng'oi einen Buchstaben einmal gesehen und gehört hatten, dann kannten sie ihn. Sie brauchten überhaupt nichts zu wiederholen.

Später lernte ich, dass dies nicht ungewöhnlich sei. Menschen, deren Verstand nicht mit endlosen Fakten überfüllt ist, haben keine Schwierigkeiten, sich alles einzuprägen. Das ist übrigens auch der Grund, warum vermutlich ihre mündliche Überlieferung so exakt, wenn nicht gar exakter ist als das, was wir Geschichte nennen.

Nach der zweiten Stunde wurde ich müde; sie hingegen wollten den ganzen Tag weitermachen. Ihre Begeisterung ließ nie nach. Sie brauchten nicht motiviert zu werden. Der ganze Tag war für sie ein einziges lustiges Abenteuer. Sie gaben einander Schreibrätsel auf, dann lachten sie. Es sei das beste Fest, das sie seit langem gehabt hätten, sagten sie – besser sogar noch, als Affen essen.

Am nächsten Tag fragte jemand sehr ernst: »Und nun? Was fangen wir mit dem Schreiben an?«

Ja, was konnten sie mit dem Schreiben anfangen? Es gab nichts, das in ihrer Sprache geschrieben war. Kein von der Regierung einberufenes Komitee hatte je eine Schriftsprache anerkannt. Es gab auch nichts zu lesen, keine Zeitungen, keine Bücher, keine Werbung, keine Straßennamen, keine Landkarten.

Sie beschlossen, dass sie das Schreiben letzten Endes nicht brauchten.

Wenn *ich* mit diesen Kritzeleien spielen wollte, weil es mir anders nicht möglich war, mich zu erinnern – sie schauten einander immer wieder erstaunt an und kicherten, weil sie es so seltsam fanden, dass ich mir nichts merken konnte – so war dies für *mich* gut so, aber *sie* brauchten kein Hilfsmittel, um sich zu erinnern; sie konnten etwas im Gedächtnis behalten, ohne es aufzuschreiben.

Buchstaben lernen war sehr lustig gewesen, aber nun wussten sie auch, dass es nicht wirklich nützlich war.

Sie hatten recht – in ihrer Welt war es das nicht.

DIE BÄUME DES DSCHUNGELS

Ein Regierungsbeamter bat mich eines Tages frustriert: »Wenn du das nächste Mal diese Leute (die Ureinwohner) besuchst, finde doch mal heraus, weshalb sie derart starrköpfig sind!« Und er erklärte mir, Malaysia verfolge zurzeit einen Landerschließungsplan, um die Produktivität, die Löhne und das Bruttosozialprodukt zu erhöhen, was, kurz gesagt, für das Land von großem Nutzen sei. Diesem Plan gemäß wurden jedes Jahr Tausende von Hektaren unberührten Urwalds gerodet, um Gummibäume anzupflanzen – zu dieser Zeit waren es vor allem Gummi und Zinn, die Malaysia Reichtum brachten. Die Regierung hatte die Ureinwohner, die in einer zu rodenden Gegend ansässig waren, wiederholt kontaktiert und ihnen angeboten, sie zu bezahlen, wenn sie die ausgewachsenen Gummibäume anzapfen würden. Man hatte ihnen erklärt, die Regierung würde den Dschungel roden, die Gummibäume pflanzen und zwei Jahre für die Bäume sorgen, indem sie um die Stämme herum den Boden mit Arsen von Unkraut befreite. Wenn dann die Bäume ausgewachsen und zur Ernte bereit wären, müssten die Ureinwohner sie bloß anzapfen, den Gummi auffangen, diesen zu einer Sammelstelle bringen und würden dann reich werden.

Gummi ist der Saft der Gummibäume. In die Baumrinde werden oberflächliche, diagonale Kerben geschnitten; der Saft (Latex) rinnt dann an den Kerben entlang nach unten und wird in einem kleinen Becher aufgefangen. Der ein wenig fest gewordene Latex wird jeden Tag eingesammelt. Die Herstellung von Kautschuk ist nicht besonders schwierig, wenngleich wir das Naturprodukt dann durch Zugabe von Chemikalien noch verfeinern. Es bedarf etwas Geschick, die Kerben in die Bäume zu hauen, aber allzu schwer ist es nicht. Die Schnitte dürfen nicht zu tief sein (sonst stirbt der Baum ab), und die jeweils neue Kerbe muss so nah wie möglich neben der alten Kerbe, die man tags zuvor geschnitten hat, liegen, so dass jeder Zentimeter Rinde eines Baumes in der Wachstumsphase angezapft werden kann.

Für den Herrn vom Regierungsamt war dies ein »Geschenk ohne Risiko«, und er konnte nicht verstehen, wieso die Ureinwohner stets lächelten und dankend ablehnten. Er dachte, vielleicht könnte ich sie davon überzeugen, dass es für sie von Nutzen sei, bei diesem Plan mitzumachen.

Ich sagte, ich würde es versuchen.

Als ich das nächste Mal bei den Ureinwohnern zu Besuch war und wir am frühen Abend beisammen saßen, erzählte ich ihnen, was der Regierungsbeamte mir über den Landerschließungsplan und die Rolle, die sie darin spielen sollten, berichtet hatte. Was sie denn davon hielten?

Wie gewöhnlich herrschte zuerst ein langes Schweigen. Sie sahen nachdenklich aus, doch niemand sagte etwas. Nach einer geraumen Weile dachte ich, sie hätten vielleicht die Frage nicht verstanden.

Also wiederholte ich: »Die Regierung rodet den Wald, um Gummibäume anzupflanzen. Die Beamten fragen, ob ihr lernen wollt, an den Gummibäumen Schnitte anzubringen, um damit

Geld zu verdienen. Ihr braucht erst etwas zu machen, wenn die Bäume nach zwei Jahren alt genug sind, um angezapft zu werden. Die Bäume einzukerben ist alles, was ihr zu tun habt ...« Einige nickten und sagten, sie hätten dies schon mal gesehen und wüssten, wie es gemacht werde. »Ihr müsst danach bloß den Gummi sammeln und ihn der Regierung bringen, und dann wird man euch gut dafür bezahlen.«

Es folgte ein noch längeres Schweigen.

Endlich ergriff ein Mann das Wort. Offensichtlich sprach er wie gewohnt für die ganze Gruppe. Er sagte, sie hätten all das schon von den Bewohnern anderer Siedlungen vernommen, denen die Regierungsbeamten einen Besuch abgestattet hätten, um ihnen das zu erklären.

Er zögerte einen Augenblick, dann fuhr er fort: »Rodet man den Wald und pflanzt dann einen Baum, kann man nur noch diese eine Sorte kultivieren. Und danach ist der Erdboden tot.«

Alle nickten und bestätigten: Ja, dies sei wahr.

Ich war mir nicht sicher, ob ich es verstanden hatte, doch mehr wollten sie nicht sagen. Sie lächelten, beantworteten aber keine weiteren Fragen.

Wieder zurück in der Stadt, stellte ich selbst Erkundigungen an. Ein Gummibaum lebe durchschnittlich vierzig Jahre, ließ mich ein Gummiplantagenbesitzer wissen. Nach der ersten Generation von Gummibäumen, so vermute er tatsächlich, würden sie das Projekt wieder einstellen. Aber er denke, man könne wahrscheinlich weiterhin Gummibäume pflanzen, vielleicht mit Zugabe von etwas Dünger oder so. Er war sich über die Zukunft nicht sonderlich sicher – er war zu sehr damit beschäftigt, soviel Gummi wie möglich aus seinen Bäumen herauszuholen, solange sie lebten.

Für ihn waren vierzig Jahre mehr als genug, um ein Vermögen zu machen, in Pension zu gehen und all das hinter sich zu lassen.

Ich suchte die Behörde auf, die mich gebeten hatte, den Ureinwohnern den Landerschließungsplan zu erklären. Als ich dort die sehr kurze und eher simpel klingende Antwort der Sng'oi überbrachte, waren die anwesenden Beamten nicht sonderlich beeindruckt. Ihre Mienen verrieten deutlich, dass sie der Ansicht waren, dies sei nur eine weitere typische Ausflucht der Eingeborenen und keine wirkliche Antwort.

Im hinteren Teil des Raumes befand sich ein Engländer, der gerade telefonierte; wenig später stieß er zu uns. Ich wiederholte, dass die Ureinwohner, bei denen ich mich erkundigt hatte, nur gesagt hätten, wenn man den Urwald rode und lediglich eine Baumsorte anpflanze, sei der Erdboden schon nach einer Generation zerstört.

Da packte er aufgeregt meinen Arm und sagte: »Komm mit!«

Wir stiegen in seinen Land-Rover und fuhren zu einer landwirtschaftlichen Forschungsstation, die etwas außerhalb von Kuala Lumpur lag. Auf der kurzen Fahrt erklärte er mir, sie hätten einen kleinen, einen Hektar umfassenden Bereich des Dschungels eingezäunt, die Bäume markiert und ein Raster gespannt. Nun seien sie daran, alle Pflanzen zu erfassen, die in diesem kleinen Gebiet wüchsen.

Bei unserer Ankunft zeigte er mir sogleich die abgesteckte Fläche, die hundert auf hundert Meter maß und mit Linien in kleinere Quadrate aufgeteilt war. Dann führte er mich in einen kleinen Schuppen, in dem die Forscher ihre Unterlagen aufbewahrten. Sie seien gerade damit fertig geworden, die Bäume zu zählen, berichtete er, und nun seien sie also daran, die Stauden, Büsche und Lianen zu erfassen. Danach wollten sie sich an die noch schwierigere

Aufgabe machen, die kleineren Pflanzen auf dem Boden zu zählen, die Moose, Flechten und andere winzige Gewächse.

»Und wir haben überhaupt noch nicht damit begonnen, uns die Organismen im Erdboden anzuschauen.« Das Bedauern in seiner Stimme war nicht zu überhören.

Ich kann mich nicht an die genaue Zahl erinnern, aber es gab in diesem Areal sicher etwa dreihundert Bäume. »Und das Erstaunlichste dabei ist«, meinte er, »dass von all diesen Bäumen nur sehr wenige Arten mit mehr als einem Exemplar vertreten sind.« Die Bäume in der Parzelle waren alle verschieden. Es gab höchstens zwei, ganz selten drei von einer Art.

Er hieß mich, Platz zu nehmen und begann zu referieren. Weil der Dschungel so üppig, so artenreich sei, begann er, dächten die meisten, es wäre die Erde, die so fruchtbar sei, dass sie diese ganze Vielfalt hervorbringe. »Doch so ist es nicht.« Seine Stimme hallte in dem kleinen Schuppen wider.

»Es ist nicht der Erdboden, sondern die Vielfalt selbst, die diesen Reichtum ermöglicht. Was sich eine Pflanze aus dem Boden nimmt«, erklärte er an vielen Beispielen, »das gibt eine andere dem Boden wieder zurück. Es ist nicht das Erdreich, das diese erstaunliche Vielfalt hervorbringt – es ist die Luft und die Feuchtigkeit. Die warmen Temperaturen ohne extreme Schwankungen, die konstant hohe Feuchtigkeit – das ist es, was den Artenreichtum ermöglicht.«

Er lehnte sich in seinem Sessel zurück, und in dem kleinen Raum berührten sich fast unsere Knie. »Und was die Gummibäume angeht, die nur eine Generation lang wachsen ... Natürlich, sie haben recht, deine Freunde. Absolut recht. Nach vierzig Jahren ist der Erdboden so ausgelaugt, dass man noch nicht einmal Gras darauf wachsen lassen kann. Ich übertreibe – Gras wächst sogar auf

Beton –, aber Sie sehen, worauf ich hinauswill. Nach etwa vierzig Jahren ist der Boden zerstört.«

Und wieder hatte ich ein klein wenig mehr von diesem Volk verstanden, das die Welt aus einer ganz anderen Perspektive heraus betrachtete. Vierzig Jahre sind eine lange Zeit. Ich glaube nicht, dass die Lebenserwartung eines Sng'oi höher war als vierzig Jahre. Ihre Weigerung, Gummibäume anzuzapfen, beruhte auf etwas, das zu ihren Lebzeiten keine Auswirkungen auf sie haben würde. Die Ureinwohner waren offensichtlich nicht daran interessiert, reich zu werden, sondern sorgten sich zutiefst um ihre Welt. Sie konnten sich nicht vorstellen, an einem Plan mitzuwirken, der das Erdreich zerstörte.

Für die meisten Menschen aus dem Westen sind vierzig Jahre eine zu lange Zeit, um sich darüber Gedanken zu machen. Wir führen unsere Geschäfte mit Blick auf das nächste Quartal, die Regierungen planen von Jahr zu Jahr. Länder machen Zukunftspläne, doch glaube ich nicht, dass außer China ein anderes Land jemals so etwas wie einen Zehn-Jahres-Plan hatte. Eher plant ein Land auf drei oder fünf Jahre hinaus. Im Westen würden wir die Gelegenheit, vierzig Jahre lang Geld zu verdienen, sofort beim Schopfe packen. Danach böte sich dann schon noch eine andere Möglichkeit. Wir könnten in den vierzig Jahren, in denen wir gut bezahlt würden, Geld zur Seite legen und dann von den Zinsen des Ersparten leben. Uns fällt die Vorstellung schwer, eine solche Gelegenheit vielleicht zurückzuweisen.

Die Sng'oi hingegen konnten mit Geld nicht viel anfangen. Sie brauchten es nicht – sie gingen selten irgendwohin, wo sie Geld ausgeben konnten, und es gab nicht viel, was sie kaufen wollten. Nein, es ging um das Land. Sie hatten vielleicht nicht das Gefühl, es zu besitzen, aber es war ihre Welt. Sie konnten einfach nicht dabei mitmachen, dieses Land zu zerstören. Sie waren Teil des Dschungels. Den Urwald zu zerstören bedeutete, die eigene Lebensgrundlage zu vernichten.

Sie machten sich manchmal lustig über diejenigen, die der Meinung waren, sie besäßen Land. Ein Kind hatte einmal zu mir gesagt: »Wie ist es möglich, dass du Boden besitzt? Der Boden besitzt uns.«

Später, viel später, nahm mich ein anderer Regierungsbeamter, der für den Landerschließungsplan arbeitete, einmal zur Seite und fragte, was ich von dieser verrückten Ansicht hielte, die Ureinwohner besäßen kein Land. Sie sagten doch immerhin, dass ihnen die Bäume gehören würden!

Offensichtlich hatte die Regierung irgendwo damit angefangen, den Dschungel zu roden, und jemand hatte diesem Beamten gesagt, dass ein bestimmter Baum einem Eingeborenen gehöre. Der Beamte glaubte nicht, dass derjenige, der ihm dies erzählt habe, der Besitzer des Baumes gewesen sei, doch hätte dieser offenbar das Gefühl gehabt, den Baum, von dem er wusste, dass er jemand anderem gehörte, beschützen zu müssen.

Ob sie denn um diesen Baum herum hätten roden sollen, wollte der Beamte wissen. Sollten sie diesen Baum inmitten der Gummibäume, die sie pflanzen würden, stehenlassen? Die Beamten seien willens, dies zu tun, aber man sollte sie nun besser schnell aufklären, damit sie wüssten, welche Bäume sie stehen lassen sollten.

Ich erklärte ihm, so gut ich konnte, was ich von Bäumen und Menschen, die zueinander gehören, wusste. Es handle sich nicht wirklich um Besitz, sagte ich.

Der Regierungsbeamte wurde sehr ungeduldig. »Also ist es nun Eigentum oder ist es das nicht? Wenn dir etwas gehört, dann besitzt du es.«

Ich versuchte, ihm zu erklären, das sei wie mit seinem Namen – er gehöre ihm zwar, aber verkaufen könne er ihn nicht.

Das ergab für den Regierungsvertreter nicht viel Sinn. Außerdem war er zu beschäftigt, um weiter zuzuhören. Im Weggehen warf er einen Blick über die Schulter zurück und rief: »Richte deinen Freunden aus, dass wir sie entschädigen, falls wir einen ihrer verdammten Bäume fällen. Aber sie müssen die Entschädigung schon selbst beantragen. Wir haben keine Zeit, noch groß herumzufragen.«

SKLAVEN

Heutzutage haben die Menschen viele Namen: einen Vornamen, einen Nachnamen, oft einen zweiten Vornamen, eine Bezeichnung als Staatsangehöriger und andere mehr. Die Staatsangehörigkeit verrät manchmal etwas über die ethnische Zugehörigkeit. Doch Staaten, deren Grenzen politischer Natur sind und nichts mit kultureller, sprachlicher oder ethnischer Zugehörigkeit zu tun haben, umfassen gewöhnlich eine kunterbunte Mischung von Menschen, die sich zufälligerweise innerhalb dieser erdachten Linien befanden, die man bei der Staatsgründung auf einer Karte einzeichnete. Deshalb haben wir das Bedürfnis, Namen zu erfinden, die besser beschreiben, wer wir sind. Wir nennen uns selbst amerikanische Ureinwohner, Afro-Amerikaner, irisch-katholische Amerikaner, Quäker, Mormonen, Amische. Oder wir wählen Bezeichnungen, die uns aufgrund der Region eine Identität geben: Südstaatler, Kalifornier.

Es gibt noch einige wenige überlebende Völker auf der Erde, die aus einer Zeit stammen, in der diese Unterschiede nicht existierten. Sie sehen sich selbst als das *Volk*, und sie bezeichnen sich mit dem Wort, das in ihrer jeweiligen Sprache *Mensch* bedeutet.

Zur damaligen Zeit erkannte eine neue Verfassung in Malaysia drei Gruppen von Bürgern an, genauer: drei verschiedene Ethnien. Die Rangfolge dieser drei Volksgruppen entsprach mehr oder weniger der zeitlichen Abfolge ihrer Einwanderung in das heutige Malaysia. Die frühen Einwanderer besaßen mehr Rechte als jene, die später kamen. Die Malaien hielt man für die ersten, obwohl die Ureinwohner ganz sicher vor ihnen im Land ansässig waren. Die Malaien nannte man ORANG KEBANGSAAN (Das Volk der Nation); die Ureinwohner nannte man höflich ORANG ASLI (die Vorfahren) oder, im allgemeinem Sprachgebrauch, SAKAI (Sklaven).

Die meisten Malaien hatten wahrscheinlich vergessen, dass das Wort, mit dem sie dieses seltsame, ursprüngliche, sehr schüchterne Volk bezeichneten, das tief im Dschungel der Berge (Sakai) lebte, ›Sklave‹ bedeutete. Sie dachten selten über diese Dschungelbewohner nach, die kaum Kleider trugen und die man selten zu Gesicht bekam. Tatsächlich waren die Sakai, die Sklaven, ein nahezu mythisches Volk; und es gab nur wenige Malaien, die ihnen jemals begegnet waren.

Nachdem ich die Sng'oi, die Menschen, besser kennengelernt hatte und von ihnen akzeptiert wurde, entschuldigte ich mich dafür, sie – bevor ich wusste, wie sie sich selbst nannten – als Sklaven bezeichnet zu haben.

Wir saßen früh am Abend um die Glut eines kleinen Feuers herum. Eine flackernde Öllampe warf etwas Licht auf die Veranda einer der kleinen Behausungen. In dieser Siedlung gab es vier Häuser; nicht mehr als fünfzehn Menschen lebten hier. Wenn die Sonne unterging, saßen wir da, redeten ab und zu und waren vor allem einfach beisammen.

Ich hatte ihre Sprache ein wenig sprechen gelernt und versuchte zu verstehen, was sie sagten, doch fließend sprechen konnte ich nie wirklich. Meine Entschuldigung bestand aus einem einfachen Satz. Ich sagte, ich hoffe, es mache ihnen nichts aus, dass ich sie Sakai genannt hatte. Ich war mir nicht sicher, ob ich es richtig gesagt hatte, und lange Zeit erwiderte niemand etwas.

Ich hatte den Eindruck, auf einigen Gesichtern sei ein Lächeln zu sehen, doch es war dunkel. Ich konnte mich getäuscht haben. Langes Schweigen war für sie nichts Besonderes. Oft sagte jemand etwas, woraufhin alle schwiegen, bis schließlich jemand anderes antwortete. Diese eine Person sprach dann offensichtlich für die ganze Gruppe, doch wunderte ich mich oft, wieso er oder sie wusste, was im Namen der Gruppe zu sagen war.

Auch diesmal antwortete jemand. Es war ein ziemlich abenteuerlustiger, junger Mann, wie man mir später sagte, und er sprach – wohl mir zuliebe – langsam und einfach: »Nein«, erwiderte er, »es macht uns nichts aus, wenn die anderen uns Sakai nennen. Wir schauen uns die Menschen da unten an. Sie müssen zu einer bestimmten Zeit am Morgen aufstehen, sie müssen alles mit Geld bezahlen, das sie verdienen müssen, indem sie für andere Leute Dinge tun. Man sagt ihnen fortwährend, was sie tun und was sie lassen sollen.« Er hielt inne und fügte dann hinzu: »Nein, es macht uns nichts aus, wenn sie uns Sklaven nennen.«

Zwanzig Jahre nach diesem Gespräch las ich, was einige Autoren über Eingeborene in anderen Teilen der Welt geschrieben hatten. Laurens van der Post, ein Südafrikaner, erzählt, dass er schon als Kind unbedingt so viel wie nur möglich über den ›Buschmann‹ (das Wort kommt in seinen Schriften immer im Singular vor) lernen wollte. Als Erwachsener dann kann er eine Expedition in die Wüste Kalahari organisieren, wo er eine kleine Gruppe von Buschmännern findet. Es sind Überlebende; gejagt und gemordet wurden sie in Afrika sowohl von Schwarzen als auch Weißen und es gab nicht viele, die damals – wenige Jahre nach dem Zweiten Weltkrieg – überlebt hatten.

Laurens van der Post schreibt, der Buschmann unterscheide sich von anderen Eingeborenen darin, dass er sich nicht ›zähmen‹ lasse. Wenn in Afrika ein Ureinwohner eingekerkert wurde, starb er ›aus keinem triftigen Grund‹ – wie weiße Geschichtsschreiber es ausdrückten.

Vielleicht sind die Ureinwohner die einzigen übriggebliebenen, frei lebenden Menschen. Laurens van der Post ist der Ansicht, dass die Menschen vor der Zeit des Ackerbaus nicht gefangen waren in dem, was er die ›Tyrannei der Zahlen‹ nennt, nämlich die Idee, dass in Zahlen Macht steckt.

Wo immer sie auch beheimatet sind – die eingeborenen Völker lassen sich nie lange in Siedlungen nieder. Stattdessen ziehen sie umher, ohne sich in einem Stamm zu organisieren oder eine Regierung mit Anführern zu bilden. Sie sind frei, und natürlich wurden sie – aus eben diesem Grund – oft aufs Grausamste von ›zivilisierten‹ Völkern überall auf der Welt gejagt. Heute haben wir vielleicht aufgehört, sie zu verfolgen, doch wir glauben, sie in eine Bevölkerung integrieren zu müssen, die von einer Regierung kontrolliert wird.

Die Ureinwohner Malaysias mag man Sklaven genannt haben, aber sie gehören zu den wenigen überlebenden Völkern auf dieser Erde, die wirklich frei sind.

Etwa ein Jahr nachdem ich mit den Sng'oi Bekanntschaft geschlossen hatte, gaben sie mir einen Namen. Es war kein Name, mit dem sie mich offiziell in einer Zeremonie tauften, sondern eher ein Spitzname. Jemand hatte mich wohl einmal als Elefanten bezeichnet und der Name blieb nun an mir hängen, zumindest für eine Weile.

Der Name GAJA gefiel mir nicht. Ich dachte, sie sähen mich als jemanden, der schwerfällig, plump und groß war. Ich bin nicht groß, nicht so wuchtig wie ein Elefant – aber ich bin grösser als die meisten Sng'oi. So festgefahren, wie mein Verstand war, stellte ich mir einen Zirkuselefanten vor, der dumme Kunststücke zeigte. Ich war Sklave meiner eigenen Klischees.

Erst später fiel mir ein, dass sie, indem sie mich einen Elefanten nannten, vielleicht etwas ganz anderes gemeint hatten. Sie hatten ja nie einen Zirkus gesehen; sie kannten keine Elefanten, die Kunststücke vorführten. Und ich wusste nicht wirklich, was für sie ein Elefant bedeutete – bis zu jenem Abend, als die Sonne schon lange untergegangen war und in der Hütte, in der ich diese Nacht verbrachte, nur noch wenige wach waren. Draußen raschelte es leise – es hörte sich an wie jemand, der sehr leichtfüßig durch das trockene Gras schlich.

»Elefanten«, flüsterte eine der Frauen.

»Sie sind sehr neugierig, und sie bewegen sich sehr leise«, fügte ein Junge hinzu, auch er mit einem kaum hörbaren Flüstern. Ich glaube, ich sagte nichts, aber mein Atmen musste mich verraten haben.

»Und Elefanten sind sehr, sehr achtsam«, sagte der Junge. »Sie zertreten niemals etwas.«

DER MANGOBAUM

Die Sng'oi waren sehr stille Menschen. Sie lächelten eher, als dass sie laut lachten. Sie stritten sich nie. Alle Gespräche, an die ich mich erinnere, waren bedächtig, wohlüberlegt und auf wundersame Weise strukturiert, als würden sie in einer bestimmten Reihenfolge sprechen. Ich kann mich nicht entsinnen, dass jemals zwei Personen gleichzeitig gesprochen hätten. Es gab immer eine kurze Pause, in der sie ins Leere schauten, dann hob eine Person zu sprechen an, so, als ob man sie dazu ernannt hätte, obwohl niemand etwas gesagt hatte. Jahrelang habe ich mir über diese für mich neue Form des Miteinandersprechens Gedanken gemacht; es ließ mich nicht mehr los. Ich konnte mir nicht vorstellen, dass die Sng'oi telepathische Fähigkeiten hatten, und doch schien einer des anderen Gedanken zu kennen. Natürlich, sie lebten zusammen; jeder verbrachte seine ganze Zeit in der Gegenwart der anderen. Sie müssen sich auf sehr innige Weise vertraut gewesen sein. Ich dachte, vielleicht sei dies die Erklärung dafür. Aber es blieb eine rätselhafte und verwirrende Angelegenheit.

Ihre Welt, ihre Realität war – wie mir nach und nach bewusst wurde – das, was wir eine spirituelle Realität nennen; es war nicht die dingliche Realität, mit der wir eher vertraut sind. Es war eine Realität, in der man die Dinge einfach wusste, und zwar ohne zu denken.

Während der zwei Jahre meiner Bekanntschaft mit einigen Sng'oi war ich in mehreren Siedlungen zu Besuch, häufig in Begleitung und manchmal auch allein. Es gab keine Adressen oder Kartenführer – die Sng'oi hielten sich ja auch nicht immer am selben Ort auf. In der Regel hatte jemand von jemand anderem gehört, der seinerseits wieder von jemandem erfahren hatte, eine bestimmte Gruppe sei in der Nähe von diesem oder jenem Wasserfall gesehen worden. Es war nicht möglich, mit einem Fahrzeug in die Dörfer zu gelangen und so parkten wir den Wagen so nahe wie möglich – meist bei einem kleinen Dorfladen – und gingen zu Fuß weiter.

Immer dann, wenn wir noch etwa eine halbe Stunde von der Siedlung entfernt waren, begegnete uns jemand, der uns zu erwarten schien. Wenn wir des Weges kamen, stand er oder sie schweigend auf und ging den restlichen Weg vor uns her. Gesprochen wurde kaum etwas. Die Sng'oi hatten keine Telefone; es war nicht möglich, sie vorher wissen zu lassen, dass wir am Nachmittag eines bestimmten Tages kommen würden. Meine Besuche waren oft spontan, weil sie davon abhingen, ob ich mich von zu Hause oder von der Arbeit freimachen konnte. Ich entschied mich jeweils am Morgen, oder ein Freund tauchte auf und schlug einen Besuch vor.

Wie konnten sie also wissen, dass wir kommen würden? Aber ganz offensichtlich, so schien es mir, wussten sie es. Nach einigen Malen erwartete ich sogar, dass sie mir entgegenkamen.

Als wieder einmal jemand am Wegrand wartete, fragte ich ihn: »Wer hat dir denn gesagt, dass du hier auf uns warten sollst?« Niemand habe es ihm gesagt, meinte er.

»Wie wusstest du dann, dass du uns begegnest?«

Keine Antwort, aber ein wunderschönes Lächeln.

Ich konnte es nicht verstehen und es ließ mich nicht mehr los. So fragte ich beim nächsten Mal einen alten Mann, der uns erwartete: »Wieso bist du hier?«

Er schaute überrascht auf. »Um den Weg zu zeigen«, erwiderte er und zuckte mit den Schultern.

Wir waren über eine Stunde lang einem deutlich erkennbaren Weg gefolgt. Ich fragte ihn, ob er denke, wir hätten sein Dorf ohne seine Hilfe nicht gefunden.

»Vielleicht«, meinte er.

Mit der Zeit schloss ich mit einigen von ihnen engere Freundschaften. Einem dieser Freunde vertraute ich meine Ratlosigkeit an. Ich könne mir einfach keinen Reim darauf machen, wie sie Dinge wüssten.

Er lachte – er könne sich auch keinen Reim darauf machen, wie wir Dinge wüssten, sagte er. Und damit endete das Gespräch. Wenig später kam er von sich aus noch einmal darauf zurück: »Vielleicht verstehen wir einander nicht, weil wir nicht wissen, wie wir die richtigen Fragen stellen können.«

Ja, das war es, was ich viele Male gefühlt hatte, wenn ich diese einfachen Antworten hörte, die überhaupt nichts erklärten. Vielleicht hatte ich nicht die richtige Frage gestellt. So sagte ich: »Etwas, was zu verstehen mir schwerfällt, ist die Tatsache, dass immer jemand am Wegrand wartet, wenn ich in ein Dorf komme. Wie können sie wissen, dass sie mich treffen?«

»Sie kommen nicht, um dich zu treffen«, sagte er.

»Wieso sitzen sie dann am Wegrand, wenn wir vorbeikommen?«

»Sie sitzen einfach dort.«

»Meinst du, jemand sitzt aus irgendeinem anderen Grund dort am Wegrand?«

Auf diese Frage gab er keine Antwort. Nahm ich mich zu wichtig, wenn ich dachte, dass sie auf mich warteten?

Ich begann mich zu fühlen wie einer jener dummen Hunde, die zubeißen und dann nicht mehr loslassen können. Ich wandte mich wieder an meinen Freund und fragte ihn, ob er manchmal einfach losmarschiere und sich an einen Wegrand setze.

Ja, meinte er, dies tue er manchmal.

»Und dann? Danach kehrst du einfach wieder zurück und gehst wieder deinen Angelegenheiten nach?«

Ja, vielleicht. Aber, fügte er hinzu, meist würde es sich weisen, wieso er dort sei.

Er sagte es nicht in diesen Worten, aber so verstand ich unser nachmittägliches Gespräch. Jemand hatte die Eingebung, zum Beispiel einem der vielen Dschungelpfade zu folgen. Es war ein Gefühl – obwohl dies auch nicht das richtige Wort dafür ist –, hierhin oder dorthin gehen zu müssen. Und was immer er oder sie dort finden würde – eine besonders herrliche Frucht oder einen Besucher, der ins Dorf kam, oder ein Tier – dies war dann der Grund, wieso er hierhergekommen war. Verhielt es sich so, dass man einfach seiner Intuition folgte und was immer dann geschah, war eben das, worauf sich die Intuition gegründet hatte? Es war meine unbeholfene westliche Art, etwas in Worte fassen zu wollen, was keinem westlichen Verhalten entsprach.

Die Sng'oi waren nicht oft im Dorf anzutreffen. Tagsüber wanderten sie mal hierhin und dorthin, manchmal in kleinen Gruppen, zu zweit oder zu dritt und oft auch allein. Ich hatte angenommen, sie suchten nach Nahrung, weil ich häufig beobachtete, dass sie auf etwas herum kauten, – und in meiner Vorstellung muss man eben immer irgendetwas tun. Wenn ich sie begleitete, ging ich also davon aus, ihr Umherschweifen bezwecke die Suche nach Nahrung. Doch die Schlüsse, die ich aus meinen Beobachtungen zog, waren wohl nur meine eigene Interpretation. Essen war dort, wo sie es fanden. Wie sie Nahrung sammelten, schien mir eine eher zufällige Angelegenheit. Es gab keinen bestimmten Plan; sie ließen sich einfach hierhin oder dorthin treiben.

Wenn ich darüber nachdenke, ist es tatsächlich so, dass sie überhaupt nie nach Essen zu suchen schienen. Sie wanderten umher und schauten unter ein Blatt, folgten eine Zeitlang einem kleinen Pfad, und ab und zu gruben sie und fanden eine Wurzel oder griffen nach oben und pflückten eine Frucht. Es schien alles sehr ungezwungen und planlos. Sie waren glücklich; es war lustig! Sie lachten über ein kleines Tier, das beim Wegtrippeln über seine Pfoten stolperte. Sie blieben stehen und bewunderten eine Blume oder einen Sonnenstrahl, der durch das Blätterdach der hohen Baumwipfel hindurch schien. Oft summten sie eine kleine Melodie, während sie von diesem Baum zu jenem Busch tänzelten, einen kleinen Schritt machten, dann zu einem nächsten Baum gingen. Wenn sie zu zweit oder zu dritt waren, sprachen sie kaum, aber berührten sich häufig und fassten sich an den Händen, wenn sie nebeneinander gingen.

Vielleicht war es bloß ein glücklicher Umstand, dass jemand am Wegrand saß, wenn wir uns einem Dorf näherten. Immer? Zufällig? Ich weiß es bis heute nicht. In meiner Realität ergibt es keinen Sinn. Ich kann es nicht erklären.

In ihrer Realität ist es das, was geschieht.

Schließlich konnte ich verstehen und nachvollziehen, dass sie nicht auf mich warteten. Sie saßen einfach genau dann dort, wenn ich gerade vorbeikam. Erst dann wurde ihnen, die da am Wegrand saßen, eindeutig klar, wieso sie gewartet hatten, nämlich, um einem Besucher das Geleit zu geben. Und so stießen sie, wenn wir vorbeikamen, zu uns und zeigten uns den Weg.

Als ich das einmal begriffen hatte, wurde mir bewusst, wie ganz anders die Realität dieses Volkes wirklich war. Ich erschaffe meine Realität in meinem Kopf; ich entwerfe Rollen, bilde Strukturen, die gewisse Tätigkeiten notwendig machen und andere unterbinden. Ich lebe in der Zeit; ich habe eine Agenda.

Ihre Existenz wurde erst dann wirklich, wenn sie diese lebten. Sie planten ihr Leben nicht, sie sagten sich selbst oder einander nicht: Heute tun wir Dieses oder Jenes. Sie sagten nicht: Heute haben wir Besuch (was, nebenbei gesagt, nicht selten vorkam – ich war überrascht, als ich erfuhr, wie viel sie umherwanderten, andere Gruppen besuchten oder einfach reisten um der Reise willen).

Jeder Tag ein unbeschriebenes Blatt, das sich füllt, während man lebt.

Ich versuchte, mir vorzustellen, wie es wäre, würde ich auf meine Intuition hören, meine Eingebung, oder wie auch immer man diese innere Stimme nennt. In meiner Welt ist dies fast ein Ding der Unmöglichkeit. Wir leben nach Terminplänen, wir haben Verabredungen. Wir essen, wenn die Uhr sagt, es sei Zeit dazu. Wir gehen zu Bett, wenn die Abendnachrichten um 22 oder 23 Uhr vorbei sind. In meiner Welt kann man nur so leben. Von frühester Kindheit an ermahnt man uns, zu planen und an die Zukunft zu denken. Wir schärfen den Kindern ein, wie wichtig es sei, zu wissen, was man wolle. Und vom ersten Lebenstag an sagt man uns auch, einige Dinge seien wirklich. Und alles andere sei Einbildung.

Wie lebte es sich in einer Welt, in der ich nichts zu wollen bräuchte, in der ich mich selbst treiben lassen könnte, einer Welt, in der ich mein Essen fände, statt es zu kaufen, zuzubereiten, aufzubewahren, zu planen? Wie lebte es sich in einer Welt, in der ich mit einem interessanten Fremden, der gerade vorbeikäme, Zeit verbringen könnte, weil ein Besucher genau das wäre, was ich in diesem Augenblick zu tun hätte? Was, wenn auch ich im Jetzt leben könnte?

Als Wissenschaftler beschloss ich, ein Experiment zu wagen. Ich musste einfach selbst erfahren, wie sich das anfühlte. Ich wollte einen Tag lang darauf verzichten, Termine zu planen und meine Agenda wegstecken und einfach nur sein, so wie die Sng'oi schlicht nur zu sein schienen.

Ich merkte sofort, wie schwierig es war, mein gewohntes Verhalten zu ändern. Kein Programm zu haben, nicht mit einer klaren Idee aufzuwachen, was ich an diesem Tag alles tun würde, war sehr stressig. Ich fühlte mich ohne die Sicherheit eines Terminkalenders und ohne klare Zielvorgaben hilflos und verloren.

Am ersten Tag des Experiments raste mein Verstand den ganzen Tag. Ich konnte nicht aufhören zu denken: Was wäre wenn – habe ich etwas vergessen – sollte ich etwas anderes tun – war es schon Zeit zum Essen – fühlte ich mich müde – vielleicht sollte ich – was spürte ich – was ist bloß los?

Mein Verstand verhielt sich in der Tat so hektisch, dass ich am Ende des Tages völlig erschöpft war. Und mir wurde bewusst, dass meine innere Stimme – sollte ich denn eine haben – durch dieses Lärmen hindurch unmöglich zu hören war. Doch nach und nach begann ich zu lernen.

Und es gab Tage, an denen ich mich tatsächlich treibenlassen konnte. Sobald mir dies gelang, hörte ich seltsamerweise meinen Verstand nicht mehr.

Zu meiner Überraschung begann ich, Dinge in meiner Umgebung zu sehen, die ich zuvor nicht wahrgenommen hatte. Ich beobachtete Insekten; ich sah einen Sonnenstrahl, der sich um einen Baum herum wand und eine kleine Schlammpfütze hell aufleuchten ließ. Ich roch Dinge, für die ich keinen Namen hatte. Ich hörte leises Rascheln, Vogelgezwitscher, das Knacken eines Zweiges.

Nicht weit entfernt sah ich einen Mangobaum stehen, der Hunderte von reifen Früchten getragen hatte, die nun zu Boden gefallen waren. Sofort dachte ich auf altbekannte Weise: Ich muss sammeln, soviel ich kann ... Aber ich gebot diesem Gedanken Einhalt. So ging das Spiel nicht. Und ich besann mich darauf, im Jetzt zu sein.

Ich saugte eine sehr reife Mango aus und sobald ich spürte, dass ich mehr zu mir nahm als nötig, hörte ich auf (ich hatte noch nicht gelernt, auf meinen Magen zu hören).

Ich setzte mich unter einen anderen Baum und sah überall Ameisen herumkrabbeln. Und als ich ganz still saß, flogen Vögel herbei. Eine Schlange kam, um die Vögel zu betrachten. Ich roch ein anderes Tier – ich war mir nicht sicher, welches. Ich hörte Geräusche, die ich nicht einordnen konnte. In mir und für mich eröffnete sich eine neue Welt und ich fühlte mich nicht bloß als Beobachter, sondern dazugehörig. Ich war ebenso ein Teil davon wie die überreifen Mangos und die Vögel.

Ich unternahm den Versuch, von allem, was ich sah, eine Bestandsaufnahme zu machen, und dabei verlor ich dieses neue Bewusstsein. Und in dem Moment, wo ich benennen wollte, was ich sah oder spürte oder hörte, verlor ich es auch. Es zu erfahren, war das Einzige, was ich tun konnte.

Ich musste eingeschlafen sein. Ich träumte einen völlig formlosen Traum, ohne Bilder, ohne Geschichte, nur mit einem warmen Gefühl. Ich kam wieder zu mir und war sofort hellwach. Nun sah ich, dass es ein kleiner Affe war, den ich zuvor gerochen hatte. Er saugte an einer Mango. Ich schaute nach oben und sah im Geäst einen größeren Affen, der mich und den kleinen Affen aufmerksam beobachtete. Wir schauten einander an, wir nahmen uns gegenseitig zur Kenntnis: Ja, du bist in diesem Baum – ich sitze hier. Ich sehe dich, du siehst mich.

Es hat mich einige Minuten gekostet, die obenstehenden Absätze zu schreiben; der Lernprozess hingegen dauerte Monate. Aber es ist wie beim Fahrradfahren – wenn man erst einmal weiß, wie man loslassen und sein kann – wie man von innen heraus beobachtet, so wie ich mir das vorstellte, und lauschte, ohne zu urteilen, ohne zu kategorisieren oder zu analysieren – dann ist es nicht schwer, zu diesem Zustand zurückzukehren.

Einige Jahre später hielt ich mich in San Francisco auf und fuhr abends gegen 22 Uhr, als es schon ruhiger war, durch den Fillmore Distrikt. Der Bus war nicht voll. Ich wählte einen Platz im hinteren Teil.

An einer Haltestelle stieg ein Mann zu, der wohl etwas über dreißig Jahre alt war. Er schien glücklich. Während er langsam den

Gang nach hinten lief, sprach er mit den Leuten und machte lustige Bemerkungen über einen Hut. Er lallte ein klein wenig; er war wohl leicht angeheitert, dachte ich, aber glücklich dabei. Er hatte ein Messer, das hinten in seiner Hose steckte. Weder machte er den Versuch, es zu verbergen, noch lenkte er die Aufmerksamkeit darauf.

Eine Frau, die vorne im Bus stand, kreischte plötzlich los, als sie das Messer sah. Ihre Schreie wurden fast augenblicklich von den anderen erwidert. In Sekundenschnelle schien eine Welle von Panik über die Passagiere zu schwappen: die Leute flüchteten vor dem Mann. Der Busfahrer stoppte den Bus augenblicklich mit quietschenden Bremsen in einer Kurve, und sobald er die Tür geöffnet hatte, drängten und schoben sich alle nach draußen – außer der Mann mit dem Messer und ich.

Ein Polizeibeamter kam herbeigerannt, bestieg den Bus, ergriff den Mann, entwaffnete ihn, wobei er eine große Show abzog, legte ihn in Handschellen und manövrierte ihn aus dem Bus heraus. Dann kam er zurück, schaute mich an und fragte: »Wieso haben sie den Bus nicht verlassen? Haben Sie denn nicht gesehen, dass er ein Messer trug?«

Ja, ich hatte das Messer gesehen. Ein Messer kann gefährlich sein, aber ich wusste, dass dieser Mann mit seinem Messer nichts dergleichen im Sinn gehabt hatte – er hatte sich überhaupt nichts Böses gedacht. Es waren nicht seine Gedanken, die ich gelesen hatte; ich las seine Haltung, sein Gebaren.

»Sie sind verrückt«, fauchte der Polizeibeamte mich an, als er den Bus verließ und die Passagiere wieder zurückkehrten. Der Busfahrer stieg als Letzter wieder ein und vergewisserte sich, ob alle in Sicherheit seien. Dann schaute er mich an und zuckte mit den Schultern.

Die Sng'oi wussten, was in der Welt vor sich ging. Sie wussten, dass wir viele Dinge besaßen, die sie nicht hatten. Sie wählten sehr sorgfältig aus, was sie von unserer Welt brauchen konnten. Transistorradios wollten sie nicht – das gaben sie deutlich zu verstehen. Transistorradios waren in den entlegensten Gegenden der Welt die Vorreiter des 20. Jahrhunderts. Hingegen konnten sie einen Topf zum Kochen gut gebrauchen. Hatten sie einen, wollten sie aber keinen zweiten. Sie fanden keine Verwendung für Nägel – ihre kleinen Häuser waren aus Bambus gebaut und mit Rattan zusammengeflochten. Sie hatten Messer und Dolche. Sie besaßen keine besondere Vorliebe für Nylon-Hemden, auch wenn es üblich war, dass jemand, der ›nach unten‹ (ins Flachland) ging, dort ein Hemd zum Tragen ›fand‹. Sie lachten über Schuhe; sie sagten, diese gingen viel zu schnell kaputt.

Und vollkommen merkwürdig fanden sie es, dass andere dachten, man könne Land besitzen. Die Sng'oi besaßen kein Land, sie hatten Bäume.

Ich versuchte, diese Vorstellung zu verstehen. Die Sprache stand dabei im Wege. Ich kam zu dem Schluss, dass sie der Auffassung waren, ein Baum und eine Person gehörten zusammen, so wie meine Beine zu mir gehören. Ich kann meine Beine nicht verkaufen. Und meinen Namen kann ich auch nicht verkaufen. Weder Beine noch Namen kann man als seinen Besitz betrachten. Und so konnte auch niemand vom Volk der Sng'oi seinen Baum weggeben oder verkaufen. Bäume sind kein Eigentum.

Dieses Volk hatte keine Vorstellung von Eigentum. Jemand, der zu einem Baum gehörte, durfte die Früchte des Baumes nutzen, vielleicht auch das Holz, aber er konnte nicht über den Baum verfügen, genauso wenig wie der Baum über die Person verfügen konnte. Ich bin mir nicht sicher, wie man mit einem Baum eine Beziehung eingeht. Die einzige Antwort, die ich auf meine Fragen erhielt, lautete, dass jeder wusste, dass gewisse Bäume und gewisse Menschen zusammengehörten. Manchmal, so erzählte man mir, wird einem Kind, das eine enge Beziehung zu einem Erwachsenen hat, der in jungen Jahren stirbt, dessen Baum gegeben, wie eine Art Erbe.

Während einer meiner Aufenthalte in einem der Dörfer kam ein junger Mann von einer langen Reise zurück (vielleicht war es eine Art Visionssuche gewesen, wie sie die Sng'oi zu unternehmen pflegten, oder auch, auf der ganz praktischen Ebene, ein Weg, um eine Frau zu finden). Der junge Mann berichtete nicht viel über seine Reisen, aber er erwähnte, dass er nun einen Baum hätte. Alle waren erfreut und lobten ihn.

Er erzählte uns, um welche Gattung Baum es sich handelte, wie alt er war, wo er sich befand und wie er aussah. Es war klar, dass von nun an alle in dieser Siedlung wussten, dass jener Baum zu diesem jungen Mann gehörte. Und so, wie ich das Volk kannte, würden Nachrichten wie diese sich schnell von Dorf zu Dorf verbreiten. Wenn man zu einem Baum gehörte, bedeutete das natürlich auch, dass man zu den Sprösslingen dieses Baums gehörte. Die Nachkommen einiger Bäume befanden sich in einem klar umrissenen Umkreis um sie herum, dagegen verteilten sich die Sprösslinge anderer Bäume über ein weites Gebiet. Wie kann jemand wissen, dass dieser Baum hier der Nachkomme eines anderen Baumes ist, der, sagen wir, einige hundert Meter weit entfernt steht? Und wieder besaß keiner von ihnen auch nur den geringsten Zweifel – *oh ja, das wissen wir.*

Ich fragte mich, ob auch der Mangobaum, von dessen Früchten ich gegessen hatte, zu jemandem gehörte. Ich beschloss, einen meiner besonderen Freunde zu fragen. Dieser Freund stammte nicht aus der Siedlung in der Nähe des Mangobaums, und ich wusste aus Erfahrung, dass es schwierig war, Fragen ohne konkreten Inhalt zu stellen. Ich konnte nicht sagen: »Was wäre, wenn ich von einem Mangobaum gegessen hätte, der zu dir gehört?« Ein solcher Satz lässt sich in einfachem Malaiisch nicht besonders gut ausdrücken (und mein Sng'oi war sowieso nicht besonders gut).

So fiel mir bloß die Frage ein: »Gibt es Bäume, die zu dir gehören?« Ja, es gebe Bäume, die zu ihm gehörten ... hier und dort. Er war sehr vage, was den Standort seiner Bäume betraf, wahrscheinlich, weil dies eben alle wissen und er davon ausging, dass ich es auch wusste.

»Gibt es auch einen Mangobaum, der zu dir gehört?«

Ja, lächelte er, es sei ein sehr freundlicher Baum.

»Kann ich Mangos von diesem Baum essen?« Während ich dies fragte, schaute ich beiseite, denn ich wollte weder ihn noch mich in Verlegenheit bringen.

»Ja, natürlich«, sagte er. Dann fügte er hinzu: »Wusstest du, dass der Baum zu mir gehört, als du die Mango gegessen hast?«

Wir sprachen in der Umgangssprache; es war unmöglich herauszubekommen, ob er sagte »Wusstest du?« oder »Weißt Du?«. Ich bin mir aber ziemlich sicher, dass er »Wusstest du?« meinte.

»Nein«, sagte ich, »ich wusste es nicht. Zu dieser Zeit war mir aber auch gar nicht bewusst, dass es Bäume gibt, die zu den Sng'oi gehören.«

Es entstand wieder eines dieser langen Schweigen. Wir waren allein, auf einer Wanderung, es war später Nachmittag, etwa eine Stunde vor Sonnenuntergang, wenn die Welt ihre Federn schüttelt, um sich für die Nacht und neue Gäste zu rüsten. Schließlich sagte er: »Wir essen Mangos, die am Boden liegen. Wenn wir die Frucht nicht essen, verdirbt sie. Dann«, und ich schwöre, er sagte dies mit einem Augenzwinkern, »kommt der kleine Affe und saugt an der überreifen Frucht und ein erwachsener Affe passt auf das Affenbaby auf.«

Ja, wahrscheinlich finden kleine Affen häufig Mangobäume mit reifen Früchten am Boden. Dieser Kommentar musste nichts bedeuten. War es nur eine allgemeine Bemerkung?

Ich konnte das Thema hier nicht einfach beenden.

»Vielleicht sammle ich einen ganzen Sack Mangos, um sie mit nach Hause zu nehmen.«

»Wieso tust du das?«, fragte er, mit echter Überraschung in der Stimme.

»Um sie mit meinen Kindern zu teilen«, sagte ich.

Wieder entstand eine Pause.

»Du bringst die Kinder zu dem Baum; dann wissen sie, wo er ist; wenn sie das nächste Mal wieder Mangos essen wollen, wissen sie, wo sie ihn finden.«

Ich habe nie erfahren, ob wir damals über einen imaginären Baum sprachen oder über jenen Mangobaum, an den ich mich so gut erinnere, wo ich einen kleinen Affen beobachtet hatte, der an einer reifen Mango saugte, während ein ausgewachsener Affe auf ihn aufpasste. Aber ich begann, ein Gefühl für diese Welt zu entwickeln; eine Wirklichkeit, die nicht ›exakt‹ ist, aber unserer Welt angemessen.

In seiner Welt war es nicht seltsam, dass er aus keinem ersichtlichen Grund am Wegesrand saß, doch wenn ein Besucher vorbeikam, verstand er, warum er da war. Um den Weg zu zeigen.

DER SCHAMANE

Eine der Siedlungen nannte ich DREI – die dritte, die ich besucht hatte. Die Dörfer der Sng'oi haben im Allgemeinen keine Namen – es gibt sie ja auch nur für eine gewisse Zeit. Ich hatte die Siedlung schon mehrere Male aufgesucht. Sie war am einfachsten zu erreichen, denn sie lag nur etwa eine Stunde Fußmarsch von einer Parkmöglichkeit entfernt. Ich glaubte damals, die Dorfbewohner schon gut zu kennen.

Es hielten sich gewöhnlich etwa zwölf Menschen dort auf. Manchmal fehlten einige, während andere hinzugekommen waren, die ich zuvor noch nie gesehen hatte. Die Sng'oi waren sehr häufig unterwegs. Doch Fragen persönlicher Natur, etwa: »Lebst du hier?« oder »von wo kommst du?«, wurden ignoriert und blieben unbeantwortet.

Auf dem Rückweg von der Ostküste her, wo ich zu jener Zeit an einem Forschungsprojekt arbeitete, fuhr ich einmal an dem kleinen Kaufladen vorbei, wo ich immer den Wagen parkte, wenn ich Drei aufsuchte. Ich entschied mich spontan, dem Dorf einen kurzen Besuch abzustatten. Ich war unterwegs an die Westküste, nach Port Dixon. Port Dixon wollte man damals zu einem Seebad machen, einem Ferienort mit Häuschen zum Mieten und anderen Anlagen. Es gab einen kilometerlangen feinen Sandstrand, doch der Ozean (genau genommen die Meeresenge von Malakka, zwischen Malaysia und Sumatra) war dort so seicht, dass man nicht schwimmen konnte. Man konnte dort nicht viel mehr machen, als auf das Meer hinauszuschauen.

Als ich mich in Drei wieder zum Aufbruch bereitmachte, waren vielleicht sechs oder sieben Erwachsene da. Einer Eingebung des Augenblicks folgend, fragte ich, ob mich jemand nach Port Dixon begleiten wolle – so wie man einem Freund anbietet mitzufahren. Ich erklärte, meine Familie und einige Freunde und Bekannte befänden sich gerade dort zu Besuch. Wir wären einen, allerhöchstens zwei Tage fort und natürlich würde ich die Person, die mich begleiten würde, auch wieder zurückfahren.

Es blieb einen Augenblick still, und ich stellte mir vor, dass sie sich miteinander besprachen (damals dachte ich, es handle sich um Gedankenübertragung). Ja, er werde mich begleiten, sagte dann ein Mann.

Er benötigte nicht viel Zeit, um sich für die Reise bereitzumachen – er holte nur ein Hemd. Doch als wir aufbrachen, rannte uns eine Frau mit Sandalen in der Hand nach: »Hier«, sagte sie zu ihm, »die wirst du brauchen.«

Port Dixon war keine richtige Stadt, und niemandem würde ein Mann, der barfuß ging, besonders auffallen. Die Malaien gehen oft barfuß, und er war für einen Ureinwohner ziemlich groß, man konnte ihn also ohne weiteres für einen Malaien halten.

Mein Begleiter hieß Ahmeed. Viel später erfuhr ich, dass dies nicht sein richtiger, sondern sein öffentlicher Name war – so nannten ihn die anderen. Während wir den Pfad zu dem kleinen Laden entlanggingen, wo mein Wagen stand, sagte er kaum etwas. Auch auf der Fahrt nach Port Dixon, die etwa zwei oder drei Stunden dauerte, sprach er wenig.

Ich kannte ihn von früheren Besuchen her: er war um die Mitte oder Ende dreißig, ein eher wortkarger Mann mit einem freundlichen Blinzeln in den Augen, der gerne lachte. Als ich ihn so neben mir sitzen sah, wurde mir bewusst, dass ich eigentlich kaum etwas von ihm wusste.

Wir kamen am späten Nachmittag in Port Dixon an. Ich stellte Ahmeed all den Leuten vor, die uns besuchen kamen und er wurde freundlich begrüßt. Meine Familie und ich aßen an diesem Abend draußen und sahen zu, wie die Sonne über dem Meer unterging. Ich saß neben Ahmeed, der sehr still war. Ich dachte, ich verstünde, warum: Er war es wohl nicht gewohnt, mit so vielen fremden Leuten zusammen zu sein. Es kam mir aber nicht in den Sinn, dass ihm der Ozean Ehrfurcht einflößte. Der Sonnenuntergang war atemberaubend, das Meer lag ruhig da, es war fast windstill, und es gab deshalb viele Mücken.

Am nächsten Morgen erwachte ich sehr früh. Die Strände liegen Richtung Westen und Süden: es gibt wunderschöne Sonnenuntergänge, aber keine Sonnenaufgänge. Es war ziemlich kühl, auch wenn kein Wind wehte. Der Ozean war glatt und es gab kaum Wellen. Ich wusste, dass sich Sumatra direkt gegenüber der Meeresenge befand; auf der Karte sah man, dass es nicht weit weg war. Aber der Ozean verschwand in einem Dunstschleier und verschmolz mit dem Himmel, ohne dass man am Horizont eine Distanz ausmachen konnte. Nichts deutete daraufhin, dass es irgendwo Land gab, außer dem, auf dem wir gerade standen.

Ich entdeckte Ahmeed, wie er ganz ruhig zwischen den Kasuarinen am Strand stand. Ich ging auf ihn zu, doch als ich sah, wie gebannt er sein Gesicht dem Ozean zuwandte, machte ich wieder kehrt. Ich war mir nicht sicher, ob er die Augen geöffnet hatte. Er schien allein sein zu wollen.

Als wir nachmittags wieder zurückfuhren, bot ich Ahmeed an, bei mir zu Hause, etwa auf halber Strecke zu Drei, zu übernachten. Er murmelte etwas, was ich als Zusage auffasste. Wir lebten damals in einem Vorort der Hauptstadt Kuala Lumpur, in einem sehr großen, sehr westlichen Haus mit fünf Schlafzimmern, vier Badezimmern und Klimaanlage in jedem Raum. Ich zeigte Ahmeed das Gästezimmer unten. Er sagte, er wolle nicht im Bett schlafen, sondern ziehe es vor, auf einer Matte am Boden zu liegen. Ich befürchtete, der Zementboden wäre viel zu hart, aber er ließ sich nicht umstimmen. Ich zeigte ihm, wie man die Klimaanlage bediente, stellte sie jedoch aus, bevor ich ihn alleine ließ. Es wäre zu kalt, meinte er.

Als wir am nächsten Morgen nach Drei zurückgekehrt waren, hörte ich ihn zu jemandem sagen: »Bah Woo lebt in einem großen Haus, in das Luft von den Bergen hineingeblasen wird.«

Am Nachmittag saßen wir mit einigen Dorfbewohnern zusammen, sprachen über den Ausflug nach Port Dixon und beantworteten Fragen. Es wurde spät; ich beschloss, in Drei zu übernachten. Mir fiel auf, dass sie in kleinen Gruppen bis spät in die Nacht hinein lebhaft diskutierten. Aber ich mischte mich nicht ein.

Als ich am nächsten Morgen aufbrechen wollte, geschah etwas sehr Seltsames: Zwei oder drei der ältesten Dorfbewohner kamen auf mich zu. Sie wollten mit mir sprechen, sagten sie, und es schien mir, als wären sie offizielle Abgesandte. Zögernd erklärten sie, Ahmeed habe auf seiner Fahrt zum Großen Wasser, wie sie es nannten, einige sehr wichtige Dinge gesehen. Am Abend werde eine Zeremonie stattfinden, bei der er darüber berichten werde.

Sie seien sich nicht sicher, was ich davon hielte, doch wenn ich bleiben wolle, wären sie damit einverstanden; ich sei es ja gewesen, der ihn mit dem Großen Wasser bekannt gemacht hätte.

Ich nahm von den Verpflichtungen, die zu Hause auf mich warteten, Abstand und die Einladung an. Ich wusste nicht, was mich erwartete, aber ich spürte, dass dies eine einmalige Gelegenheit war, mehr über die Sng'oi zu erfahren. Sie hatten sich bei unserem Zusammensein immer als erstaunlich bodenständig erwiesen; über Zeremonien und Rituale aber redeten sie ganz selten. Ihr spirituelles Leben kam kaum je zur Sprache, obwohl ich aus den morgendlichen Zusammenkünften wusste, dass der Glaube an die Traumwelt, eine Welt, die sie die ›Reale Welt‹ nannten, für ihr Dasein von zentraler Bedeutung war. Ja, wenn Ahmeed ihnen berichtete, was er gesehen hatte, würde ich natürlich gerne eine weitere Nacht bleiben.

Wie alles im Leben der Sng'oi war auch die Zeremonie am Abend von großer Schlichtheit. Sie wählten das größte Haus, das so wie die anderen gebaut war: es stand knapp zwei Meter über dem Boden, mit Pfeilern aus Bambus an den vier Ecken, einem Boden aus Bambussplit (man konnte zwischen den Spalten hinunter auf die Erde sehen), einem Dach und Wänden aus getrockneten Palmenblättern und einer winzigen Tür. Man musste fast auf allen Vieren gehen, um ins Innere zu gelangen.

Die vielleicht zweieinhalb bis drei Meter lange Leiter, die zu dem Haus hinaufführte, war ein Baum mit Kerben, der in einem sehr steilen Winkel aufgestellt war. Die Sng'oi – alt und jung – liefen diesen Baumstamm so behände hoch, als ob sie ebenerdig gingen. Ich dagegen musste sehr vorsichtig auf allen Vieren hochklettern.

In der Mitte des Hauses hatte man eine flache Schale auf den Boden gestellt, mit einigen glühenden Kohlestücken darin und etwas DAMMAR, einem Harz, der beim Verbrennen einen beißenden Geruch verströmte, wohl dem KOPAL ähnlich, den man in Zentral- und Südafrika benutzt. Ein paar kleine Kinder saßen in den Ecken des kleinen Hauses auf dem Schoß der Erwachsenen. Auch ich setzte mich in eine Ecke. Acht Erwachsene standen in einem Kreis um die Kohleschale herum. Ahmeed saß in der Mitte neben der rauchenden Schale und inhalierte von Zeit zu Zeit den kräftigen Rauch des Dammars, der durch die ganze Hütte wehte. Es gab viereckige Löcher an den Seitenwänden, aber die wurden nachts geschlossen; im Dach gab es keine Öffnung und so blieb nur die kleine Tür auf der Höhe des Bodens, durch die der Rauch abziehen und frische Luft in den Raum einströmen konnte.

Die Erwachsenen begannen, entgegen dem Uhrzeigersinn um Ahmeed und die Kohleschale herumzugehen, so, dass das Haus ein wenig bebte und hin- und herschwankte. Ich hatte die Sng'oi noch nie zuvor auf diese Weise tanzen sehen; sie hüpften, und zwar nicht im Gleichtakt, sehr leise auf den Zehenspitzen. Sie bewegten sich einige Minuten lang im Kreis herum, bevor ein Mann einen monotonen, sehr hohen Trillerton ausstieß, eine Art Wehklagen. Bald stimmten die anderen ein, mehr oder weniger im Einklang. Es entstand ein unmelodisches Jodeln, wie von weither, eher unheimlich als gefällig. Ein Schauder lief mir den Rücken hinunter, und gebannt schaute ich ihnen zu. Der schlurfende Tanz, begleitet von diesem seltsamen Ton, der nie ganz in Gleichklang kam, glich nichts, was ich jemals zuvor gesehen oder gehört hatte und war faszinierend zu beobachten.

Plötzlich sprach Ahmeed mit einer ungewohnt lauten und sehr tiefen, klangvollen Stimme. Zuerst blieb er sitzen und wiegte sich mit geschlossenen Augen hin und her. Seine Stimme klang ganz anders als sonst; sie kam tief aus seiner Brust. Er sprach mit großer Autorität.

Er hub an: Er sei mit mir zum Großen Ozean gefahren. Es dauere lange, um dorthin zu gelangen, sogar mit einem Wagen sei der Weg weit. Er hielt kurz inne, als überlegte er, wie er fortfahren sollte. Zu dieser Zeit konnte ich schon einiges von dem verstehen, was er sagte; er benutzte viele malaiische Wörter, vielleicht, weil es in ihrer Sprache kein Wort für den Großen Ozean gab, wie er ihn nannte, und auch für viele andere Dinge nicht, die er beschrieb.

Die Tänzer ließen sich auf dem Boden nieder, aber sie setzten das Wehklagen leise fort – später erfuhr ich, dass es sehr schwierig ist, diese Töne leise zu formen – und wiegten dabei ihre Körper hin und her, diesmal in perfekter Harmonie. Ahmeed fuhr fort, mit großer Autorität zu sprechen:

Als wir in Port Dixon (er sagte ›Küste‹) angekommen seien und er aus dem Wagen gestiegen sei, habe er *schschsch, schschsch* gehört, den Klang von Regen in einiger Entfernung, ganz sanft, *schschsch, schschsch, schschsch.* (Er hörte den Klang der Wellen am Strand, doch ich wusste, dass er nie zuvor einen Strand oder das Meer gesehen hatte.)

Er schaute hoch und sagte: »Weit und breit war keine Wolke zu sehen. Der Himmel war klar. Von wo mochte dieses Geräusch *schschsch, schschsch, schschsch* kommen?« Er deutete mit ein paar Gehbewegungen an, dass er sich einige Schritte vom Wagen entfernt hatte. »Und dann sah ich den Großen Ozean: *AAHHhhh.*«

Einen Moment lang herrschte vollkommene Stille, dann nahmen die anderen die wiegenden Bewegungen und das leise Wehklagen wieder auf. Ahmeed sprach weiter: »Große Furcht war in diesem Herzen.« (Es gibt im Malaiischen keine Possessivpronomen; man kann nicht ›*mein* Herz‹ sagen.) »So viel Wasser ... hört! Vor euch liegt Wasser, soweit das Auge reicht.« Und er wiederholte: »So weit das Auge reicht.«

Nun verstummten wieder alle, ehrfürchtig und verängstigt. Ich konnte ihr Staunen, aber auch ihre Furcht spüren. Die Sng'oi leben tief im Dschungel in den Bergen. Wasser kennen sie nur in Form von Regen oder einem Fluss im Urwald. Wasser ist gefürchtet; Regenstürme bringen Verwüstung, Bergbäche sind unvorhersehbar.

Ahmeed fuhr fort: »So weit das Auge reicht, gibt es Wasser, und selbst wenn man dort steht, wo das Auge hinreicht, gibt es dort immer noch mehr Wasser, soweit das Auge reicht.« Die Leute lauschten gebannt. Niemand bewegte sich; niemand gab ein Geräusch von sich. Es war, als hielten alle den Atem an.

Einige Male wiederholte Ahmeed: »Soweit das Auge reicht, gibt es Wasser, und dann stehst du dort – und es gibt *wiederum* nur Wasser, soweit das Auge reicht, und stehst du *wieder* dort, wo das Auge nicht mehr weiterreicht – gibt es *abermals* nur Wasser, soweit das Auge reicht.« Dann schloss er mit einem Seufzen: »Das Wasser ist *überall*«.

Einige Leute saßen zusammengekauert da, wie niedergedrückt von dieser Vorstellung des endlosen Wassers. Ahmeed wiederholte: »Große Furcht in diesem Herzen.« Und er legte die Hand auf sein Herz. »Große Furcht, weil all dies Wasser das Land verschlingt« – so wie das Wasser der Dschungelbäche das Land an ihren Ufern ›verschlingt‹, wenn die Regengüsse sie zu reißenden Strömen anschwellen lassen.

Lange Zeit war es still. Niemand sagte etwas. Und es waren noch mehr, die nun zusammengekauert dasaßen, manche bedeckten dabei ihre Köpfe mit den Händen. Eine Frau, die in einer Ecke saß und ein kleines Kind hielt, sang leise: »Weine nicht, weine nicht ...«

Nun erhob sich Ahmeed, stand aufrecht da und blickte auf die Dorfbewohner nieder, die gebückt, verängstigt und still um ihn herum saßen. Er blieb einige Minuten so stehen und sagte dann mit lauter Stimme: »In dieser Nacht, als ich in die Reale Welt ging, traf ich den Herrn des Großen Ozeans, DATOK LAUT BESAR« (er benutzte malaiische Wörter). Und der Herr des Großen Ozeans sagte zu ihm, er solle sich nicht fürchten, der Große Ozean verschlinge das Land nicht; das Land schwimme auf dem Ozean.

Ein Seufzer der Erleichterung ging durch die Versammelten. Sie schauten hoch, blickten einander an. Ja, das war es, das Land schwamm auf dem Ozean, ja, das könnte sein ...

Dann sagte Ahmeed etwas Seltsames: »All dieses Wasser ist schwer.« Er beugte sich, um ein großes Gewicht anzudeuten; man konnte sehen, wie die Last dieses ganzen Wassers seine Schultern niederdrückte. »Schwer, um die ganze Welt herum, sehr schwer.«

Er fuhr fort: »Der Große Ozean bedeckt die ganze Welt.« Er formte mit den Händen einen hohlen, etwa 40 Zentimeter großen Raum, wie um eine Kugel anzudeuten. »Alles ist vom Ozean bedeckt, und das Land schwimmt auf dem Wasser.« Die Bewegung seines Körpers deutete an, dass das Land leichter war als der Ozean; deshalb schwamm es auf dem Wasser.

»Das Land ist so groß, es gibt so viel Land, das auf diesem Ozean schwimmt, dass es sich nicht bewegt, oder nur ganz wenig, und wir diese Bewegung nicht spüren.«

Lange Zeit war es wieder still; so als ob man den Versammelten Zeit ließe, sich an die Ideen zu gewöhnen, die Ahmeed ihnen bis dahin vorgestellt hatte. Er blieb stehen; er würde fortfahren.

Der Rauch des Dammarharzes erfüllte das kleine Haus. Einige husteten diskret hinter vorgehaltener Hand. Meine Augen fingen an zu tränen. Der Geruch von Dammar ist nicht unangenehm, doch die dichten Rauchschwaden in dem kleinen Raum bereiteten langsam Unbehagen. Ich sagte mir, dass der Rauch ja in die Höhe zöge, und so bückte ich mich ganz tief, um etwas frische Luft zu atmen, die durch die Spalten im Boden drang.

Ahmeed sprach nun weiter, fast beiläufig. Seine Augen waren immer noch geschlossen, er wiegte sich ein wenig hin und her, und beim Sprechen schien er gleichzeitig zuzuhören.

»Dieses ganze Wasser ...«, sagte er, »... und unter der Oberfläche« – also unterhalb dessen, was wir sehen können – »existiert eine ganze Welt, die in gewisser Weise dieser Welt gleicht.« Er benutzte seine Hände, um seinen Worten Ausdruck zu verleihen. »Es gibt Berge unter Dem-Was-Sichtbar-Ist, sehr hohe Berge, einige davon.« Er zeigte mit der Hand weit, weit hinauf.

»Und es gibt Täler, die viel tiefer sind als die Täler, die wir hier haben. Durch den ganzen Großen Ozean fließen Ströme, riesige Flüsse. Sie fließen um die ganze Welt herum, rund und rund herum.« Er formte mit seinen Händen wieder die Umrisse eines imaginären Globus.

»Diese Ströme sind so riesig,« – das Wort, das er dafür verwendete, war grösser als groß – »dass sie auch alle Fische mit sich reißen. Und dann gibt es dort noch viele andere Lebewesen, nicht nur Fische. Es gibt Tiere, die so groß sind ... größer als Elefanten.«

Die Anwesenden stießen einen sanften *waaahh*-Ton aus.

»Es gibt Tiere, die flach sind« – er klatschte einmal mit seiner Hand – »und Tiere wie Schlangen, aber größer, viel größer.

Doch habt keine Angst: Der Große Ozean kann das Land nicht verschlingen. Das Land schwimmt, und die Tiere im Großen Ozean können nur dort leben; sie können nicht an Land kommen.« Und er wiederholte in einer Art Singsang: »Habt keine Angst. Der Herr des Großen Ozeans hat mir gesagt, wir sollen uns nicht fürchten, denn das Land schwimme auf dem Wasser, und die Tiere im Ozean können nicht an Land kommen.«

Etliche Male wiederholte er, dass das Land auf dem Ozean schwämme und sie sich nicht fürchten sollten.

Ich konnte mir nicht vorstellen, wie er in der kurzen Zeit, in der wir dort gewesen waren, zu all diesem Wissen über den Ozean und die Tiere, die darin lebten, gekommen war. Konnte es ihm jemand erzählt haben? Das war unwahrscheinlich – es waren nur wenige Leute dort gewesen, und jedes Mal, wenn ich nach ihm Ausschau gehalten hatte, hatte er alleine unter den Bäumen gestanden und auf den Ozean hinausgeblickt. Aus einem Buch konnte er die Information natürlich auch nicht haben – er konnte nicht lesen. Warum also wusste er so ausführlich über etwas Bescheid, was er nicht mit eigenen Augen gesehen haben konnte?

Ahmeed fuhr fort zu erzählen, wie groß der Ozean war, wie weit und wie schwer, und auf welche Weise er sich um den Globus herumbewegte. Er gebrauchte das Wort DUNIA, Welt; er meinte offensichtlich den Globus, wenn er seine Hände zu einer Kugel formte. Er wiederholte seine Beschreibung der Berge und Täler jener Welt unter der Oberfläche des Ozeans, die so war wie unsere Welt, aber größer. Er wiederholte seine Beschreibung der riesigen Ströme, die durch den Ozean flossen und Tiere mit sich führten, und schilderte, welche gewaltigen Turbulenzen entstünden, wenn sich zwei dieser Flüsse begegneten – all dies unterhalb dessen, was man sehen kann.

Während ich zu erfassen versuchte, wie und wo Ahmeed in so kurzer Zeit so viel über das Meer gelernt hatte, fiel ich in Trance.

Es war nicht das erste Mal, dass dies geschah. Offenbar bin ich leicht hypnotisierbar, und ich denke, der Rauch des Dammarharzes, die stickige Luft, die Leute, die sich hin- und her wiegten, die Stimme von Ahmeed ... all das zusammen trug dazu bei, mich in Trance zu versetzen.

Ich weiß nicht, wie der Abend endete.

Ich wachte vielleicht eine Stunde später wieder auf – wann genau, weiß ich nicht, da ich nie eine Uhr trage. Im Haus war es jetzt ruhig, und es war fast leer. Ahmeed stützte meinen Oberkörper, eine Frau saß mir gegenüber und wischte mein Gesicht mit einem Tuch, das nach Dammar roch. Sie redete mir sanft zu, wie zu einem Baby.

Ich war verlegen. Ich entschuldigte mich bei Ahmeed, erklärte ihm, ich sei nicht absichtlich eingeschlafen und könne mich nicht erinnern, was geschehen sei, nachdem ich eingeschlafen wäre und hoffte, er würde mir verzeihen.

Ich hatte eigentlich nicht das Gefühl, dass ich eingeschlafen war, aber hier war ich nun, Ahmeed hielt mich aufrecht, während eine Frau mir das Gesicht abwischte.

Er lächelte und sagte: »Oh nein, du hast nicht geschlafen. Du bist in Trance gefallen: Du hast mit uns gesprochen.« Er erzählte mir nicht sofort, was ich gesagt hatte, sondern lächelte nur.

»Später«, sagte er, »später wirst du es erfahren.«

Als ich Ahmeed einige Wochen später danach fragte, erzählte er mir, ich sei aufgestanden, als er geendet hatte, und hätte etwas in einer Sprache gesprochen, die keiner jemals zuvor gehört hatte

(Englisch sei es nicht gewesen, meinte er), und ich hätte mit meinen Händen einen Globus geformt. Er habe das so verstanden, dass ich davon erzählte, wie ich um die Welt gereist sei. Als er dies den Versammelten erklärte, hätte ich bestätigend genickt. Dann hätte ich weiter gesprochen und nach oben gedeutet, weg von diesem imaginären Globus. Er war sich nicht sicher, was ich damit sagen wollte, vermutete aber, ich hätte ihnen erzählt, es gebe noch andere Welten, weit von der Erde entfernt.

Danach seien die Dorfbewohner in die übrigen Häuser gegangen, und er und die Frau hätten mich sanft aus meiner Trance herausgeholt. Ich war verlegen. Ich hatte gewiss nicht die Absicht gehabt, so etwas zu tun und bestimmt hatte ich ihre Zeremonie gestört. Aber Ahmeed lächelte und sagte, es sei in Ordnung.

Kurz danach schliefen wir alle ein. Die Kohle war schon lange heruntergebrannt und der Dammar aufgebraucht – sogar der Geruch schien sich verflüchtigt zu haben. Mir war kalt; ich legte mich ganz nahe zu denen, die zum Schlafen in das Haus zurückgekommen waren.

Als wir am nächsten Morgen wieder beisammensaßen und uns unsere Erfahrungen in der Realen Welt erzählten, hatte jeder etwas vom Großen Ozean gesehen oder ihn berührt oder gespürt. Ahmeed selbst sagte nichts, auch dann nicht, als die anderen ihn scherzend fragten: »Und du, bist du nicht zurück zum Großen Ozean gegangen, von dem du uns erzählt hast?«

Nein, lächelte er, er hätte andere Dinge in der Realen Welt erfahren, aber er wolle nicht darüber sprechen.

Ich selbst konnte mich an keinen Traum erinnern, aber was Ahmeed uns über den Ozean erzählt hatte, ging mir immer wieder durch den Sinn: Wie konnte er bloß von den Bergen am Meeresgrund erfahren haben, von den Strömungen, den Walen, den flachen Tieren (mir fielen die Mantarochen ein)? Wie war er nur an diese Informationen gekommen?

Ich konnte die Rückkehr in meine Welt nicht mehr länger aufschieben und so machte ich mich früh am nächsten Morgen zum Aufbruch bereit. Als ich mich verabschiedete, sah ich, wie sich wieder einige Erwachsene in einer kleinen Gruppe abseits beratschlagten. Und erneut kam eine Delegation auf mich zu, die mit mir sprechen wollte. Sie fühlten sich nicht recht wohl, das konnte ich sehen. Sie traten von einem Bein auf das andere, warfen einander Blicke zu.

Schließlich trat Ahmeed zu mir, kam ganz nahe, schaute mir in die Augen und sagte: »Lass uns reden«.

Er erklärte mir, während die anderen dabei zustimmend nickten, dass ich letzte Nacht in Trance gefallen sei, obwohl das nicht meine Absicht gewesen wäre: nicht bewusst und nicht gewollt, sagte er. Wenn ich ein Sng'oi wäre, hieße dies für die anderen, dass ich bestimmt sei ... und hier hielt er inne, als suche er nach den richtigen Worten.

Dann sagte er, dass er, Ahmeed, ein Bomoh sei. (Das malaiische Wort, das er verwendete, heißt eigentlich Heiler, wird aber auch für Schamane gebraucht.) Ich muss ziemlich überrascht geguckt haben. Nach der abendlichen Zeremonie war es klar, dass er vielleicht ein Schamane war, aber ein Bomoh war er nicht. Ich wusste, was ein Bomoh machte und es war offensichtlich nicht das, was Ahmeed tat. Er war kein Heiler – oder war er es doch? Ich war verwirrt.

Er lächelte. »Du wusstest es nicht«, sagte er, aber deshalb sei er nach Port Dixon mitgekommen. »Es ist meine Aufgabe, meinem Volk neues Wissen zu bringen.« Dieses Thema war vorher noch nie aufgekommen, und ich wusste nicht, dass die Sng'oi so etwas hatten wie ...? Priester? Schamanen?

Tatsächlich vermied Ahmeed es, seine Funktion beim Namen zu nennen. Als ich ihn drängte, bestätigte er das Wort Bomoh, vielleicht, weil er aus meinen Erzählungen wusste, dass ich gerade mit einer Studie über die malaiischen Bomohs beschäftigt war. Aber die malaiischen Bomohs, die ich erforschte, waren Heiler, eingeborene Ärzte, darunter sehr fähige Mediziner. Ahmeed jedoch sprach und handelte nicht wie die Bomohs, denen ich begegnet war.

Später durchforstete ich die wenigen Bücher, die es über die Ureinwohner Malaysias gab und sprach mit Leuten, die ihnen begegnet waren. Ich bekam viel Fachchinesisch zu hören, einiges war mir schon bekannt, anderes neu, doch die Informationen ergaben alle nicht viel Sinn und halfen mir im Hinblick auf das, was ich in Drei erlebt hatte, überhaupt nicht weiter. Bei den Sng'oi gab es tatsächlich so etwas wie Schamanen oder auch Heiler. Aber keine der Beschreibungen passte auf Ahmeed und auf das, was ich über ihn wusste.

Bei allen Völkern rund um den Globus gibt es Schamanen, Männer oder Frauen die aufgrund ihrer Veranlagung und/oder durch Schulung eine Verbindung zur geistigen Welt herstellen, wie dies die anthropologische Literatur beschreibt. Und so, wie Ahmeed den Herrn des Großen Ozeans eingeführt hatte, fiel es mir nicht schwer zu glauben, dass er ein solcher Schamane war.

Einige Wochen später fragte ich Ahmeed, wie der Herr des Großen Ozeans denn aussehe.

Ahmeed schien überrascht, dachte darüber nach und erwiderte dann: »Datok Laut Besar ist keine Person. Doch es ist einfacher, den Leuten etwas über den Ozean zu erzählen, wenn du Datok Laut Besar sagen kannst. Nein … ich habe keine Person gesehen. Ich finde den Großen Ozean in meinem Herzen.«

Während wir also nun so dastanden, ich bereit zum Aufbruch, wiederholte Ahmeed mit Nachdruck: »Alles wäre ganz einfach, wenn du ein Sng'oi wärst. Aber bei einem Weißen … wir wissen nicht, was zu tun ist.«

Fast alle Bewohner von Drei umringten uns nun und schauten mich mit großer Eindringlichkeit und, so dachte ich damals, mit wohlwollender Erwartung an. Einige lächelten; alle hielten ihren Blick auf mich gerichtet und warteten auf etwas.

Wie immer entstand eine Pause, ein Augenblick der Stille.

»So«, sagte Ahmeed dann entschieden, »wir haben es besprochen und was wir dir zu sagen haben, ist Folgendes, damit du es dann selbst entscheiden kannst: Wenn du willst, kannst du es lernen. Wenn du nicht willst, verstehen wir das.«

Ja, alle nickten, immer noch voller Erwartung.

Es war einer jener Augenblicke, die ein Y auf dem Weg bedeuten, eine Weggabelung, um die herum sich das ganze Universum dreht. Ich wurde gebeten, eine Entscheidung zu treffen, die in meinem Herzen bereits entschieden war. Ich kann mich nicht mehr genau erinnern, was ich dachte. Vielleicht dachte ich überhaupt nichts. So wichtige Entscheidungen wie diese fällt man intuitiv, der Verstand kann sie nicht erfassen. Ich weiß, dass ich nicht überlegte, was es wohl bedeuten mochte, so zu sein wie Ahmeed, was auch immer er war. Ich dachte nicht darüber nach, wie viel Zeit und Engagement das Lernen erfordern würde. Doch war ich mir zutiefst des Lächelns dieser Menschen bewusst – ihrer Warmherzigkeit und ihrer gespannten Erwartung.

Ich wusste, dass sie mir ein großes Geschenk anboten. Ohne nachzudenken, sagte ich: »Ja, ich will es lernen«.

Später wurde mir bewusst, dass Ahmeed nie das Wort *lehren* verwendet hatte. Er sagte immer *lernen*. Rückblickend bin ich sicher, dass er seine Rolle als eine Art Türöffner verstand. Er sagte mir nie, was ich tun oder denken sollte. Was immer ich lernte, würde durch meine eigene Anstrengung geschehen – aber damals wusste ich das noch nicht.

Niemand sagte etwas.

Ich sah nur ihr Lächeln. Ich fühlte mich ermutigt. Ich fühlte mich auf eine Weise geliebt, wie ich es in meinem Leben zuvor nur einige wenige Male erfahren hatte – vielleicht war es das, was man bedingungslose Liebe nennt. Ich sah mich um und schaute von einem zum anderen. Und ich lächelte. Bis mein Gesicht schmerzte.

Dann wandte ich mich zu Ahmeed und sagte so etwas Albernes wie: »Wieso hast du mir nicht gesagt, dass du ein Bomoh bist?«

Er wusste, dass ich keine Antwort brauchte, und so lächelte er nur.

WIEDER LERNEN, MENSCH ZU SEIN

Ich kann mich nicht mehr entsinnen, wann genau ich das Dorf verließ, aber am späten Nachmittag desselben Tages war ich wieder zu Hause. Auf der Heimfahrt wurde mir klar, dass ich keinen blassen Schimmer hatte, wie ich meiner Familie und meinen Kollegen erklären konnte, warum ich die vergangenen Tage weder zu Hause und noch bei der Arbeit gewesen war. Was sollte ich denn bloß erzählen? Ich erzählte nichts.

Ich tauchte wieder ein in meine Welt der unterschiedlichen Wirklichkeiten, und schon nach wenigen Tagen begann der Herr des Großen Ozeans zu verblassen. Er war der Denkweise um mich herum so dermaßen fremd, dass ich mich immer weniger an meine Erfahrungen jener Tage in Drei zu erinnern vermochte, geschweige denn darüber sprechen konnte. In jenen ersten Wochen hielt ich meine Gefühle unter Verschluss; ich glaubte, sie verbergen zu müssen. Ich wusste einfach nicht, wie ich über das Geschehene sprechen konnte. Zum Glück blieb mir ein inneres Leuchten und nachts kehrte in meinen Träumen die Magie jenes Abends zurück.

Was genau würde ich lernen? Und was war Ahmeed? Ich wusste nicht, als was ich ihn bezeichnen konnte. Heute nenne ich ihn einen Schamanen. Damals hielt ich ihn einfach für einen weisen Menschen, vielleicht sogar mit übersinnlichen Fähigkeiten.

Mir war bewusst, dass Ahmeed überhaupt nicht den malaiischen Bomohs glich, mit denen ich gearbeitet hatte, aber er verfügte offensichtlich über gewisse Kräfte.

Erst Jahre danach sollte Carlos Castaneda zuerst ein und später sogar eine ganze Reihe von Büchern publizieren, die den Schamanismus allgemein bekannt machten. 1962 war ich oberflächlich vertraut mit einigen anthropologischen Studien zu dem Thema. Das Wort *Schamane* stammt aus Sibirien, so besagen diese Texte, und man bezeichnete damit Mittler zwischen dieser Welt und der Geisterwelt. Schamanen waren Menschen, die heilten, die ausgefallene Kostüme trugen, eine Art Trancetanz vollführten und toxische Substanzen einnahmen.

Ich wusste, dass es bei den nicht-westlichen Völkern rund um den Globus begnadete Heiler und Priester mit besonderen Kräften gab, aber ich hatte keine Ahnung, was sie taten.

Ich wuchs in zwei, genaugenommen sogar mehr als zwei Kulturen auf. Als Kind lernte ich von Anfang an zwei oder drei Sprachen sprechen und mir war klar, dass man mit dem einen Menschen diese und mit einem anderen jene Sprache sprechen musste, und dass es manchmal sehr schwierig, wenn nicht gar unmöglich war, Dinge, die man in der einen Sprache sagen konnte, in eine andere Sprache zu übersetzen. Aber erst jetzt begann ich zu begreifen, dass es nicht allein die Sprache ist, die die Menschen unterscheidet, sondern die Art und Weise, wie sie die Wirklichkeit erfahren. Darauf kommt es an. Damals dachte ich auch, *spirituell* bedeute religiös. Mir war vage bewusst, dass es Menschen mit besonderen Eigenschaften gab, mit offensichtlich übersinnlichen Fähigkeiten, aber ich dachte kaum über sie nach, denn sie passten nicht in das Weltbild eines westlichen Wissenschaftlers.

Ich erinnere mich an eine seltsame Begebenheit, die sich zutrug, als ich etwa zehn oder elf Jahre alt war. Mein Vater hatte mich zur Eröffnungsfeier einer Klinik irgendwo in den Bergen von Sumatra mitgenommen, wo ein Tibeter – er kam womöglich aus Nepal oder Indien, aber man bezeichnete ihn als einen Tibeter – Zaubertricks vorführte, so nannte es mein Vater. Der Tibeter levitierte. Wir konnten es alle sehen. Mein Vater und einige andere anwesende Ärzte schauten hierhin und dorthin, beugten sich vor, um unter seine Füße zu schauen und diskutierten, was hier vor sich ging. Doch als ich auf dem Rückweg meinen Vater danach fragte, benutzte er Worte wie *Illusion* und *Massenhysterie,* als ob sich dies alles nur in unserer Vorstellung ereignet hätte und als wollte er sagen, Sohn, kümmere dich nicht um derartige Dinge.

Von diesem Moment an lernte ich, den unerklärlichen Dingen, die andere Menschen tun, zu misstrauen.

Doch seit jenem Abend, als Ahmeed uns mit dem Herrn des Großen Ozeans bekannt gemacht hatte, ließen mich seine Beschreibungen des Meeres nicht mehr los. Wie wusste er das? Wie *konnte* er es wissen?

Wie alle Menschen, die in zwei verschiedenen Welten aufwachsen, lernte ich von Kindesbeinen an, mich in unterschiedlichen Wirklichkeiten zu bewegen. Bei der Arbeit und zu Hause, bei meiner Familie, wurde der Herr des Großen Ozeans zu einer Geschichte, mit der ich nichts anzufangen wusste. Ich versuchte, sie aus meinen Gedanken zu verbannen. Ahmeed war einfach ein guter Freund, der mich nach Port Dixon begleitet hatte. Die Vorstellung zu lernen, so zu werden wie er, passte nicht zu meiner alltäglichen Realität.

Doch es gab auch andere Momente – andere Wirklichkeiten –, wenn Ahmeed und das, was er uns über den Herrn des Großen

Ozeans erzählt hatte, nur zu real war, und ich wollte Teil dieser Realität sein; ich sehnte mich danach, *erfahren* zu können.

Einmal erzählte ich die Geschichte des Herrn des Großen Ozeans einem Kollegen, von dem ich dachte, er interessiere sich für anthropologisches Material. Doch sein Interesse entpuppte sich als Kritik an meiner Methode der Feldforschung und meiner Interpretationen des Malaiischen und des Sng'oi, obwohl er weder die eine noch die andere Sprache so gut beherrschte wie ich. Ich begriff – vielleicht zum ersten Mal –, dass die meisten Leute, auch die Wissenschaftler, die Welt nur aus *einer* Perspektive heraus betrachten können: ihrer eigenen.

Ich ging in die Bibliothek und las alles, was ich über Schamanen, Heiler und Seher finden konnte. Die meisten Bücher blieben vage und allgemein. Einige Berichte erwähnten Substanzen, die einen Schamanen in Trance versetzten – das war noch vor der ›Drogenkultur‹, bevor man über Halluzinogene wie LSD und Meskalin sprach und diese manchmal auch einnahm, doch nur selten wissenschaftlich untersuchte. Ich wusste, dass das, was in der kleinen Hütte in Drei geschehen war, nichts mit geheimnisvollen Substanzen zu tun hatte. Im Dammar lag kein Geheimnis.

Schließlich kehrte ich wieder nach Drei zurück.

Vielleicht, so dachte ich mir auf der Hinfahrt, war das alles ja gar nicht passiert. Oh doch, als Ahmeed über den Herrn des Großen Ozeans gesprochen hatte: das war wirklich geschehen. Da war ich mir sicher. Aber ich musste mir wohl das Gespräch über das Lernen eingebildet haben. Was denn lernen? Er hatte noch nicht einmal einen Namen dafür! Als Wissenschaftler wusste ich, dass das Benennen von etwas der erste und manchmal auch der letzte

Schritt ist, um etwas zu verstehen. Wenn wir etwas benannt haben, haben wir es einsortiert, und dann glauben wir, es zu verstehen.

Ahmeed war freundlich. Alle Menschen in Drei waren freundlich – sie waren es schon immer gewesen. Diesmal waren nur wenige Dorfbewohner da. Inzwischen hatte ich gelernt, dass sich die Zahl der Siedlungsbewohner ständig änderte: oft waren die einen weg, während andere zu Besuch kamen. Man wusste nie, was einen erwartete. Oftmals lächelten wir alle, verloren aber kein Wort über den Herrn des Großen Ozeans oder über das, was am Tag nach Ahmeeds Enthüllung geschehen war.

Am Abend, als wir bequem und gemütlich und ohne viel zu reden dasaßen, fragte mich Ahmeed, ob ich am nächsten Tag mit ihm losziehen wolle. Er sagte es ganz harmlos und beiläufig und machte es mir auf diese Weise leicht, sein Angebot abzulehnen oder anzunehmen.

»Ja, das wäre schön«, sagte ich, ebenso beiläufig.

Früh am nächsten Morgen, noch bevor der Tau verdunstet war, brachen wir auf. Ahmeed schien keine Vorbereitungen getroffen zu haben. Er trug nichts mit sich, und so tat ich es auch nicht. Ich hatte zwar einige Dinge mitgebracht, aber ich ließ sie in Drei zurück.

Wir wanderten. Über weite Strecken sprachen wir kaum. Im Laufe des Tages wurde mir heiß, ich schwitzte, dann bekam ich Durst und schließlich Hunger. Wir hielten einige Male an, setzten uns auf einen Holzstamm oder einen Felsen. Von Essen oder Trinken keine Spur, bis ich Ahmeed sagte, ich sei sehr durstig. Ein Schmunzeln lag in seinem Gesicht, als er sagte: »Ja, weiße Menschen schwitzen viel.« Er schien überhaupt nicht zu schwitzen.

Von der Suche nach Wasser war nicht die Rede. Als wir weitergingen, hatte ich Visionen von einem Kokosnussbaum, ich sah mich hochklettern, oder eher Ahmeed bitten, er möge hochklettern, um eine Kokosnuss zu holen, sie zu öffnen ... aber wir hatten kein Buschmesser bei uns, und ich wusste, dass es im Dschungel sowieso keine Kokosnüsse gab.

Schließlich bat ich Ahmeed, etwas zu trinken für mich zu finden. Ich war zu durstig. Er hielt an und schnitt mit seinem Daumennagel ein kleines Loch in eine Liane. Ich trank das Wasser. Es schmeckte irgendwie grün, aber es war klar und sauber.

Wir wanderten zurück nach Drei und erreichten das Dorf etwa eine Stunde vor Sonnenuntergang. Ich fragte mich, ob dieses ziellose, stille Gehen mir helfen würde zu lernen ... was immer es war.

An diesem Abend hatten einige Dorfbewohner Reis gekocht. Sie essen nicht immer Reis, und sie essen auch nicht immer zusammen. Oft nimmt tagsüber jeder etwas alleine zu sich. Abends gibt es sehr süßen Tee und nicht viel zu essen. Diesmal gab es etwas Gemüse, das mit dem Reis zusammen gekocht worden war, und ein wenig getrockneten Fisch. Ich langte kräftig zu. Ich war hungrig und durstig.

Nach meiner zweiten Tasse Tee beugte Ahmeed sich zu mir und nahm mir die Tasse weg: »Wir wandern morgen. Besser, du trinkst nicht.« Ich erinnerte mich an die Liane und das grün-schmeckende Wasser und willigte sofort ein. Und ich war einverstanden, am nächsten Tag wieder mitzugehen. Es war unterhaltsam, und ich sah Dinge im Dschungel, die ich zuvor noch nie gesehen hatte. Ein Gefühl von Abenteuer und Entdeckungslust lag in der Luft.

Der zweite Tag verlief ähnlich wie der erste. Wir marschierten, wir ruhten uns einige wenige Male aus, aber wir aßen oder tranken nichts. Ich wurde wieder müde, durstig und hungrig – doch zugegebenermaßen nicht mehr so durstig oder hungrig wie tags zuvor.

Von sich aus erklärte Ahmeed mir nichts. Er lehrte nichts. Wenn ich ihm Fragen stellte, gab er kaum Antwort, brummte nur vor sich hin.

Wir wanderten den ganzen Tag.

Als wir am Abend wieder in Drei zurück waren, fragte ich Ahmeed, was ich denn von diesen Wanderungen lernen sollte. Er lachte laut heraus, wie es sonst nicht seine Art war.

»Nein, es ist mir ernst«, protestierte ich. »Ich muss wissen, was ich lernen soll.«

Er gluckste und sagte: »Es spielt keine Rolle. Du musst es nicht verstehen; du lernst (du wirst lernen).«

Ich war niedergeschlagen. Ich verstand seine Lehrmethode nicht. Ich dachte den ganzen Abend und wohl sogar noch im Schlaf darüber nach. Am nächsten Morgen erwachte ich mit der Erkenntnis, dass wir westlichen Menschen gewöhnlich davon ausgehen, Trainieren, Lernen und Lehren seien alles verbale Aktivitäten und dabei vergessen, dass Lernen häufig, wenn nicht fast immer, ohne verbale Anleitung geschieht.

Leider konnte ich keinen Tag länger bleiben; ich musste zurück zur Arbeit, zurück zu meiner Familie. Ich versprach Ahmeed, dass ich so bald wie möglich wieder käme und es so einrichten würde, dass ich länger bleiben könnte. Er schaute mich mit einem Lächeln an, als wollte er sagen: Ihr Leute seid so seltsam mit euren unbegreiflichen Gewohnheiten, eurem Denken und eurem Planen, – tut, was ihr nicht lassen könnt.

Das nächste Mal konnte ich dann mehrere Tage bleiben. Ich hatte mich darauf eingestellt zu lernen, ohne dass man mich mit Worten instruierte. Ich fühlte mich frei, neugierig, bereit zu lernen, was immer es wäre. Ich hatte mir gesagt, dass ich nicht wirklich wissen musste, was ich eigentlich zu lernen hatte.

Wir wanderten umher. Ich lernte, sieben oder acht Stunden ohne Wasser oder Essen auszukommen und ich war mit mir zufrieden. Ahmeed gab mir nie von sich aus Erklärungen. Er war freundlich. Er lächelte und sprach nur wenig – er beantwortete nicht einmal meine Fragen. Ich merkte, dass ich an den Abenden nichts zu sagen hatte. Wir aßen schweigend. Bald darauf schlief ich ein.

Am dritten Tag regte sich in mir ein leises Unbehagen. Ich begann, an meine Verpflichtungen zu Hause und bei der Arbeit zu denken. Wenn ich hier nichts *lernte,* vergeudete ich meine Zeit. Ich dachte, langsam sei ich nun mit dem Dschungel hier vertraut; ich erkannte von früheren Wanderungen Pflanzen, Bäume, Gerüche und feine Geräusche wieder.

Ich glaube nicht, dass wir die gleichen Pfade entlanggingen – es war eher so, dass wir meist gar keinem Pfad folgten, Ahmeed aber zu wissen schien, wo er langging. Ich folgte dicht hinter ihm. Ja, ich hatte langsam aber sicher das Gefühl, dass ich hier meine Zeit verschwendete. Ich konnte nicht so lange von meiner Arbeit und meiner Familie fernbleiben. Ich musste etwas *tun*, und zwar bald.

Als wir am späten Vormittag rasteten, schaute ich Ahmeed an und fragte ihn, was er von mir dächte – ob ich Fortschritte machte?

Er blickte mich verwundert an. Wie er denn das wissen könnte? Nur ich könnte es wissen.

Ich erzählte ihm, dass ich mich nicht anders fühlte. Tatsächlich verstünde ich, ehrlich gesagt, rein gar nichts. Ich wüsste nicht, was ich hier täte. Ich lernte überhaupt nichts. »Bitte erkläre es mir«, flehte ich ihn fast an.

Er schaute weg.

Wir setzten unsere Wanderung fort; sie war für mich nun hart, ermüdend und langweilig geworden. Ich dachte darüber nach, was ich morgen tun würde – was ich in der Tat tun musste, um all die Dinge nachzuholen, die ich heute hätte tun sollen: Es gab ein Treffen, an dem ich teilnehmen musste. Oh, und ich hatte vergessen meinen Teil eines Berichts zu schreiben, der gestern fällig gewesen wäre. Und ...

Als wir an diesem Abend zurückkehrten, fühlte ich mich entmutigt. Das Versprechen, dass ich lernen würde zu sein, was auch immer Ahmeed war, hatte sich nicht erfüllt. Ich lernte gar nichts. Ich war verwirrt, fahrig, wütend.

Zurück in der Stadt, lief meine Arbeit nicht gut. Nichts schien zu klappen. Ich bekam eine Hautkrankheit, die die Ärzte mal als Ausschlag, eine Art Dermatitis, mal als dieses oder jenes Leiden diagnostizierten. Sie führten Tests durch und gaben mir dann Kortison. Niemand sagte mir, ich müsse nach einiger Zeit mit der Einnahme schrittweise aufhören und als ich das Medikament dann zum ersten Mal abrupt absetzte, wurde ich noch kränker. Einer der Ärzte stellte die Diagnose ›autoimmune Reaktion‹. Ich fragte, auf was ich denn reagierte.

Er meinte: »Ich weiß es, offen gestanden, nicht. Autoimmun bedeutet im Grunde, dass Sie allergisch gegen sich selbst sind. Wieso das so ist, kann ich Ihnen nicht sagen. Das können nur Sie selbst wissen.«

Da hatten wir es wieder: nur ich konnte es wissen. Sie übernehmen keine Verantwortung für meine Gesundheit, dachte ich empört. Ich vertraute den Ärzten – genauso belämmert wie ich Ahmeed gefolgt war, im Vertrauen darauf, dass er tat, was immer er tun musste. Und alles, was sie tun konnten, war, *mir* das wieder unter die Nase zu reiben und zu sagen, nur *ich* könnte es wissen.

Ich begann, den Tag zu verfluchen, an dem ich Ahmeed mit mir nach Port Dixon genommen hatte, und ebenso den Tag, an dem ich an seiner wunderbaren Darbietung teilgenommen hatte. Das war doch letztlich alles nichts weiter als eine Show, dachte ich höhnisch. Alles erschien aussichtslos. Ich fühlte mich elend und verloren, es juckte. Einer der Ärzte schlug eine Therapie vor.

»Was denn für eine Therapie?« fragte ich.

»Oh«, sagte er leichthin, »vielleicht sollten mal Sie einen Psychiater aufsuchen.« Ich war schockiert. War das die Art von Krankheit, an der ich litt?

Irgendwie nahm die Krise ein Ende. Oder besser gesagt, ging sie sehr langsam vorüber. Die Hautentzündung, oder was immer es war, verschwand schließlich. Ich begann, wieder zu arbeiten und nahm erneut die Lektüre einiger Bücher auf, die ich während der Tage (oder waren es Wochen) vernachlässigt hatte. Ich hatte mich selbst bemitleidet, während ich in einem klimatisierten Schlafzimmer lag und es juckte.

Manchmal, wenn ich ganz ehrlich mit mir war, wusste ich, dass sich nichts verändert hatte. Ich war noch genauso verwirrt wie zuvor. Ich war immer noch blockiert – ich ahnte, dass ich von ›diesen Ureinwohnern‹ etwas zu lernen hatte, wusste aber nicht, was es war. Und schlimmer noch, ich wusste nicht, wie ich es anstellen sollte, um das zu lernen, was auch immer ich lernen musste.

Es verging eine geraume Weile, bis ich schließlich wieder nach Drei zurückkehrte. Ich hoffte fast, dass ich Ahmeed nicht antreffen würde. Vielleicht war ja niemand von meinen Bekannten dort und ich musste nicht erklären, wieso ich nicht früher zurückgekommen war.

Doch sie waren alle dort. Ahmeed schien aufrichtig glücklich darüber, mich zu sehen. Niemand stellte mir Fragen. Ich hatte eingeübt, wie ich erklären konnte, wieso ich nicht früher gekommen war. Ich wollte sagen, dass ich sehr krank gewesen sei, und dabei meinen Bericht mit allen Details zu Ärzten und Medikamenten ausschmücken. Es war ja auch fast die Wahrheit: Ich war tatsächlich *sehr* krank gewesen, doch es ging mir deswegen schlecht, weil ich allergisch gegen mich selbst gewesen war. Aber niemand fragte etwas und so musste ich auch nichts sagen.

Nur am Abend fragte mich Ahmeed: »Morgen wandern?«

Und ich gab zur Antwort: »Ja, morgen wandern.«

Der nächste Morgen erschien mir ganz besonders schön, es war klar und frisch. Ich fühlte mich gut, weil ich wieder draußen im Dschungel war, und ich freute mich auf die Wanderung.

Ich war fest entschlossen, nichts zu erwarten. Was immer geschehen sollte, würde geschehen. Ich wollte mich wundern können wie ein Kind, wenn der neue Tag anbricht.

Wir zogen umher. Ich war durstig und sehr müde – nach einem ganzen Monat ohne Bewegung hatte ich meine Kondition völlig verloren. Am frühen Nachmittag – der heißesten Zeit des Tages, wenn es im Schatten kühl, aber auch sehr feucht war – kamen wir zu einer dichten Bambushecke, die etwa sechs Meter vor uns lag. Bambus wächst gerne in Gruppen und bildet eine undurchdringbare Schranke.

Ahmeed blieb stehen, horchte, drehte sich zu mir um (ich ging direkt hinter ihm) und bedeutete mir: *Sei still.*

Ich öffnete den Mund, um etwas zu fragen, aber mit einer deutlichen Geste gab er mir zu verstehen: *Rede nicht, bleib stehen, sei ruhig.*

Wir standen wie erstarrt da, eine sehr lange Minute etwa, als plötzlich von rechts eine große, helle Schlange aus einem Gebüsch hervorkam, langsam an uns vorbeiglitt und unter den Bäumen zu unserer Linken wieder verschwand.

Schlangen gab es natürlich überall. Längst schon hatte ich gelernt, nach ihnen Ausschau zu halten. Und das hieß fast immer, dass man in die Bäume hochschaute. Schlangen bewegen sich normalerweise nicht auf dem Erdboden fort. Große Schlangen sind selten, und große Schlangen, die auf dem Boden entlang gleiten sind noch seltener. Diese Schlange war groß, vielleicht vier Meter oder länger. Sie sah aus, als hätte sie vor kurzem etwas gefressen; sie bewegte sich langsam und schien in der Mitte dicker. Doch sie bewegte sich ganz gezielt, so schien mir, als verfolge sie eine Absicht.

Ich versuchte nicht herauszufinden, um welche Schlangenart es sich handelte und zerbrach mir auch nicht weiter darüber den Kopf. Ich war viel zu neugierig zu erfahren, wieso Ahmeed gewusst hatte, dass die Schlange da war. Ich war mir sicher, dass er nichts gehört haben konnte – die Schlange machte kein für meine Ohren wahrnehmbares Geräusch. Ich bezweifelte, dass Ahmeed sie gesehen haben konnte, bevor sie aus dem Gebüsch, nur unweit von uns entfernt, ins Freie kroch.

Hatte er sie gerochen? Sehr unwahrscheinlich.

Wie also konnte er es wissen?

Wir blieben noch einige Minuten an Ort und Stelle stehen, und Ahmeed achtete darauf, dass ich mich weder bewegte noch ein Geräusch machte. Als wir uns dann wieder auf den Weg machten, bedeutete er mir erneut, *langsam, mach keinen Lärm, rede nicht.* Wir wandten uns nach rechts, gingen um das Bambusgehölz herum und wanderten weiter, als sei nichts geschehen.

Etwa eine halbe Stunde später fanden wir einen guten Platz zum Rasten. Ich zerbrach mir den Kopf darüber, wie Ahmeed das gewusst haben mochte. Ich fragte ihn: »Wusstest du, dass die Schlange kommen würde?«

»Ja«. Das war alles, was er darauf erwiderte.

Ich versuchte, die Frage umzuformulieren: Hatte er sie gehört? Hatte er sie gesehen?

Nein, aber er wusste es.

Wir gingen weiter und in meinem Kopf wirbelten die Gedanken wild durcheinander. Ich dachte wieder an jenen Abend zurück, als er uns den Herrn des Großen Ozeans beschrieben hatte. Dies war ein ähnliches Geheimnis gewesen. Er hatte den Ozean gesehen – genauer: nur die Oberfläche des Ozeans. Er hatte wahrscheinlich nicht einmal seine Füße ins Wasser gehalten, und doch wusste er so viele Dinge über den Ozean, von denen er eigentlich nichts wissen konnte.

»Als wir in Port Dixon waren, warst du da mit deinen Füßen im Ozean?« fragte ich ihn.

»Nein«, gab er zu, er habe seine Füße nicht nass gemacht.

»Ist der Ozean aus Regenwasser?« fragte ich ihn und dachte, ich könnte ihn so überführen.

»Salzig«, erwiderte er.

»Aber wie konntest du das wissen?« platzte ich heraus.

Da lächelte er sein Lächeln, das dem eines Kindes glich.

In dieser Nacht schlief ich nicht gut. Mir war bewusst, dass ich sehr nahe an etwas dran war, aber ich wusste nicht, an was. Offensichtlich besaß Ahmeed ein Wissen über die Natur, das ich vielleicht von anderen Menschen oder aus Berichten oder Büchern, die ich las, erlangen konnte. Ich hätte vielleicht das Herannahen der Schlange erkennen können, wenn ich moderne Instrumente zur Verfügung gehabt hätte, die sensibler gewesen wären als meine Ohren, meine Nase oder meine Augen.

War Ahmeed feinfühliger? Hatte er seine Sinne trainiert und war nun hochempfindlich?

Ich spürte, dass ich noch einen Tag länger bleiben musste, auch wenn ich eigentlich geplant hatte, nach Hause zurückzukehren. Ich konnte ja immer noch am Nachmittag aufbrechen.

Als wir am nächsten Tag etwa eine Stunde lang gewandert waren, merkte ich, dass ich so viele Gedanken wälzte, dass ich überhaupt nicht darauf achtete, wo wir waren und was um mich herum vor sich ging. Ich versuchte, die Dinge in meinem Kopf zu begreifen, machte Listen, wog Wahrscheinlichkeiten ab, als ob Ahmeeds Talente ein statistisches Problem wären. Doch dann entschied ich mich, stattdessen wirklich Augen, Ohren, Nase und Haut für alles zu öffnen, was mir der Dschungel um uns herum bot.

Ich blieb abrupt stehen.

Und von einem Augenblick zum anderen war der Dschungel plötzlich voller Geräusche und Gerüche und kleiner Windböen hier und dort. Ich begann Dingen wahrzunehmen, die ich zuvor weitgehend ignoriert hatte. Es war, als sei ich die ganze Zeit mit schmutzigen Brillengläsern umhergewandert – und dann hatte sie jemand für mich geputzt; oder als ob ich einen verschwommenen Amateurfilm gesehen hätte – und nun hätte jemand den Fokus richtig eingestellt. Aber es war mehr als das – viel mehr. Ich konnte Dinge riechen, für die ich keinen Namen hatte. Ich hörte leise Geräusche, die alles sein konnten. Ich sah ein Blatt zittern. Ich sah eine Reihe von Insekten einen Baum hochklettern.

Ahmeed merkte, dass ich langsamer und langsamer ging, während ich intensiv auf die Welt um mich herum achtete. Er blieb stehen.

»Sitzen?« fragte er.

»Ja, nein ... nicht wirklich ... vielleicht ... ich weiß nicht«, stammelte ich.

»Trinken?«, fragte er.

Später fiel mir auf, dass er sehr sanft gesprochen hatte, als wolle er das, was in mir vorging, nicht stören, und er benutzte einzelne, einfache Wörter: »Sitzen?«, »Trinken?« – Ja, ich war sehr durstig. Ich schaute ihn an und dachte, er werde eine Wasserliane finden. Er war es ja, der den Dschungel kannte. Doch er schaute mich bloß mit einem völlig ausdruckslosen Gesicht an. Er half nicht. Er sprach nicht.

Plötzlich durchfuhr mich ein neuer Gedanke: Vielleicht konnte ich ja selbst Wasser spüren. In Gedanken listete ich auf: Wasser sehen, Wasser hören, Wasser riechen ... vielleicht konnte ich Wasser riechen, oder es sogar hören, wenn es von einem Blatt herunter tropfte. Ich schaute mich um.

»Sprich nicht«, sagte Ahmeed, und ich wusste, er meinte »denk nicht.« »Wasser ist im Herzen«, sagte er als nächstes und zeigte mit einer Handbewegung auf sein Herz. Ich wusste, dass er meinte, dass ich es innen fühlen sollte – nicht mit meinem Verstand, sondern in mir drinnen.

Es ist traurig, wie viele Wörter man verwenden muss, um etwas so Einfaches zu sagen.

Sobald ich aufhörte zu denken, zu planen, zu entscheiden, zu analysieren – kurz gesagt, meinen Verstand zu benutzen – hatte ich das Gefühl, als würde ich in eine gewisse Richtung geschoben. Ich ging ein paar Schritte und sah im gleichen Augenblick ein großes Blatt, das vielleicht eine halbe Tasse Wasser enthielt.

Ich musste eine ganze Minute lang voller Ehrfurcht dagestanden haben. Nicht in Ehrfurcht vor etwas Bestimmtem, einfach in Ehrfurcht.

Als ich mich hinüberbeugte, um von dem Blatt zu trinken, sah ich Wasser, zarte kleine Wellen, ich sah einige Moskitolarven, die sich auf der Oberfläche des Wassers wanden, ich sah die Adern des Blattes durch das Wasser hindurch, einige Luftbläschen, ein kleines Stückchen Dreck. Ich hielt meinen Finger in das Wasser und sah dann, dass eine der sich windenden Moskitolarven in einer kleinen Luftblase an meinem Finger eingeschlossen war. Wie wunderschön, wie vollkommen. Ich nahm den Finger mit dem Wassertropfen nicht in den Mund, sondern schaute wieder auf das Blatt zurück.

Meine Wahrnehmung vertiefte sich. Ich sah nicht mehr länger nur Wasser – was ich in meinem ganzen Sein spürte, war ein Blatt-mit-Wasser, verbunden mit einer Pflanze, die in der Erde wuchs, umringt von unzähligen anderen Pflanzen, alle Teil des gleichen Gewebes aus lebendigen Dingen, die den Boden bedeckten, der selbst Teil einer größeren lebendigen Haut um die Erde herum war.

Und nichts war getrennt, alles war eins, alles war dasselbe Ganze: Wasser-Blatt-Pflanze-Bäume-Boden-Tiere-Erde-Luft-Sonnenlicht und kleine Windböen. Das All-Sein war überall, und ich war Teil davon.

Ich kann nicht erklären, was in mir vorging, aber ich wusste, dass ich etwas unglaublich Wunderbares gelernt hatte. Ich fühlte mich lebendiger als je zuvor.

Ich war ganz und gar von Sein erfüllt.

Was dieses andere Sinnesempfinden ist, weiß ich nicht. Für mich ist es sehr real. Ich sehe es als einen *Wissens*-Sinn. Es ist eine Qualität, die uns wohl allen mehr oder weniger eigen ist. Bei mir funktioniert es, wenn ich meinen Verstand zurücklassen kann, wenn ich etwas erfahren kann, ohne es verstehen zu müssen, ohne es zu benennen, einzuordnen, zu bewerten, zu kategorisieren. Es ist eine Qualität, die man nutzen muss, sonst lässt sie wieder nach; dieses *Wissen* muss man so trainieren, wie man auch Muskeln trainieren muss.

Ich spreche aus Erfahrung und versuche etwas zu beschreiben, das nicht in unsere westlichen Konzepte passt und für das es deshalb auch keine Worte gibt. Damals dachte ich gar nichts. Ich war dabei zu lernen, wie man den Verstand zur Seite schiebt und einen anderen Sinn benutzt, um zu wissen.

Ich beugte mich über ein Blatt mit etwas Wasser darin, irgendwo im Urwald von Malaysia, und dachte nicht in Worten. Ich dachte überhaupt nicht. Ich badete in diesem überwältigenden Gefühl von Einssein. Ich hatte das Gefühl, tief in mir habe sich ein Licht entzündet. Ich wusste, dass ich etwas ausstrahlte – Liebe vielleicht – für diese unglaubliche Welt, diese reiche, vielfältige und völlig ineinander verflochtene Welt der Schöpfungen, die in diesem Augenblick auch mir Liebe gab. Und mit der Liebe ging ein tiefes Gefühl von Zugehörigkeit einher.

Nach einer Weile wachte ich langsam auf. Ich kam sozusagen wieder in meinen Körper zurück. Ich schaute mich um. Ahmeed war nicht dort, wo ich ihn vermutete. Er war nirgendwo zu sehen. Er musste weitergegangen sein, dachte ich.

Und sobald ich wieder anfing zu *denken*, geriet ich in Panik. Mir wurde bewusst, dass ich alleine war, dass Ahmeed mich an einem fremden Ort zurückgelassen hatte. Ich hatte keine Ahnung, wo ich war und wie ich nach Drei zurückkehren oder Ahmeed finden konnte. Zuerst wollte ich anfangen zu schreien, zu brüllen, ihn zu rufen. Doch das Gefühl, Teil dieses wunderbaren Ganzen zu sein, war so stark, dass ich meine Stimme nicht erheben konnte. Ich öffnete den Mund und versuchte, einen Laut von mir zu geben, aber ich brachte keinen Ton heraus. Ich konnte diese Einheit nicht durch Schreien stören, durch das Gefühl von Panik. *Ich konnte mich nicht fürchten* – denn ich war ja Teil dieser All-heit.

In diesem Augenblick veränderte sich mein Leben.

Und dann wusste ich mit einem Mal, dass ich nicht um Hilfe rufen, nicht Ahmeed nachrennen musste. Ich war mir vollkommen sicher, dass ich nur eines zu tun hatte: meinen Verstand beiseitezuschieben und zu wissen, wo er war. Und fast im gleichen Moment *wusste* ich es auch: Er war nicht allzu weit entfernt. Ich hatte den Eindruck, dass er gemächlich in *diese* Richtung ging. Er schlenderte, als ob er tief in Gedanken versunken wäre, oder vielleicht dachte er an mich. In meinem verstandeslosen Zustand sandte ich ihm ein stummes Hallo, und es fiel mir leicht, mir vorzustellen, wie er mit seinem feinen Lächeln antwortete, die Mundwinkel nur leicht angehoben.

Ein Teil von mir wollte zu Ahmeed gehen und nach Drei zurückkehren, um zu essen und zu trinken. Aber ein anderer Teil wollte hierbleiben und mit dieser neuen Welt besser vertraut werden. Ich blieb.

Ich war mir sicher, dass ich den Weg zu Ahmeed und später ins Dorf wieder finden würde, wenn die Dämmerung hereinbrach vielleicht.

Ich habe keine Ahnung, wie lange ich dort blieb – in diesem Zustand ohne funktionierenden Verstand gibt es keine Zeit –, aber es war schon fast dunkel, als ich schließlich in die Siedlung zurückkehrte.

Als ich bereit war, den Ort zu verlassen, wo ich das Blatt mit dem Wasser entdeckt hatte – ich trank übrigens nie davon; ich war nicht mehr durstig – dehnte ich mein Bewusstsein aus, um zu fühlen, wo das Dorf lag. *Dort*, sagte mir mein Wissen sogleich. Mit meinem neuen und nun erweiterten Bewusstsein nahm ich jetzt in einiger Entfernung einen sanften Ton wahr. Zuerst erkannte ich das Geräusch nicht. Es schien vertraut, doch hatte ich keinen Namen dafür, und in diesem Zustand vermied ich es, etwas benennen, verstehen, wiedererkennen zu wollen. Doch dieser Klang wollte erkannt sein. Er drängte sich meinem Sein auf, fast so, als würde er sich selbst vorstellen: *Ich bin Tiger*. Es war dieser Ton zwischen Schnurren und Brummen, den Tiger von sich geben, wenn sie nicht schlafen und nicht jagen. Ich glaube, es ist so etwas wie eine Ansage: Ich bin hier. Alle sprechenden Tiere besitzen ihren eigenen Ton, um die Welt wissen zu lassen: *Ich bin hier*.

Ich verspürte einen Anflug von Angst, wusste aber zugleich, dass dies nur eine anerzogene Reaktion war. Seit frühester Kindheit sind Tiger für mich etwas ganz Besonderes gewesen. Wenn ich Furcht vor ihnen verspürte, dann war es die Furcht, die andere mir einzuflößen versuchten.

Während meiner Kindheit in Sumatra hatte ich des öfteren Tiger in der freien Wildbahn gesehen. Beim ersten Mal war ich vielleicht acht oder neun Jahre alt, und wir waren in unserem Wagen mit offenem Verdeck unterwegs. Wir fuhren gerade sehr langsam in eine steile Haarnadelkurve hinein, als plötzlich ein Tiger vor uns auf der Straße stand. Der Fahrer – mein Freund Udin – hielt den Wagen an. Er saß sehr ruhig auf dem Fahrersitz und ich saß daneben. Wir warteten. Gewiss musste uns der Tiger gerochen haben. Es war Nacht und die Scheinwerfer waren an, aber Udin schaltete sie aus. Der Mond schien hell und wir konnten alles deutlich erkennen – der Schwanz des Tigers bewegte sich rhythmisch von einer Seite zur anderen. Er stand mitten auf der Straße und hatte seinen Kopf uns zugewandt. Er war groß, so groß wie unser Wagen, so schien es mir damals; wir befanden uns auf gleicher Augenhöhe. Ich weiß nicht, wie lange wir so dasaßen, aber ich fühlte, dass die Zeit wie aufgehoben war; eine Ewigkeit lang schauten wir den Tiger an, und er schaute uns an. Dann drehte der Tiger langsam, sehr langsam den Kopf in die Richtung, in die er zuvor gegangen war, und kehrte ruhig in den Dschungel neben der Straße zurück. Während er davonschritt, hörte ich dieses sanfte, brummende Schnurren, und ich wusste, dass es bedeutete: *Ich bin Tiger; ich bin hier.*

Udin wartete einige Minuten, schaltete dann die Scheinwerfer wieder ein und fuhr weiter. Er schaute mich an und meinte: »'RIMAU, Tiger«, als wollte er sagen: Nun weißt du, was ein Tiger ist.

Als ich jetzt alleine im Urwald in Malaysia stand und das sanfte, brummende Schnurren wieder hörte, dachte ich an jenen ersten Tiger. Wäre ich nicht so offen für die Welt um mich herum geworden, hätte ich dieses Geräusch wohl gar nicht gehört – es kam von sehr weit weg. Diesmal war ich alleine, und es klang für mich sehr beruhigend.

Ich wusste, wo Drei war und wie ich dorthin gelangen konnte. Es lag nicht in Richtung des Tigers, aber auch nicht in der Gegenrichtung. Ich ging los, immer noch in tiefen Zügen dieses wundervolle Gefühl der Zugehörigkeit auskostend. Ich war Teil des Dschungels und der Dschungel war Teil von mir. Die Gerüche, die satten, jetzt dunkler werdenden Farben, die Geräusche der Tiere waren nahezu überwältigend. Die einzige Möglichkeit, wie ich mit dieser Fülle umgehen konnte, war, sie als Ganzes, als Einheit zu fühlen – ohne zu analysieren, zu interpretieren, zu benennen, zu ordnen, zu urteilen. Bisweilen schien es mir, dass ich noch nicht einmal ging; ich floss durch dieses Medium hindurch, dass alles und auch ich selbst war.

Die Nacht bricht in den Tropen rasch herein und es war schon ziemlich dunkel geworden, bevor ich Drei erreichte. Ich beeilte mich nicht. Ich wusste die ganze Zeit über, wo Ahmeed sich aufhielt – seitlich und etwas weiter vor mir – und den ganzen Weg zurück hörte ich dieses sanfte Tigergeräusch, das mich begleitete.

Ich hatte eine Fantasie, was dieses Tigergeräusch betraf: Zuerst hielt ich es für einen *Willkommensgruß*, es war, als ob der Tiger zu *mir* sprechen und nicht nur einfach der Welt um ihn herum seine Anwesenheit verkünden würde. Dann stellte ich mir vor, dass der Tiger zu mir sagte: »*Du machst dich gut.*«

Ich spürte, dass er sich meiner bewusst war, so wie ich mir seiner bewusst war. Er ging mit mir.

Bevor ich Drei erreichte, roch ich einen Hauch von Öl, das in den Lampen brannte, die die Dorfbewohner angezündet hatten.

Ahmeed kam mir noch vor der Siedlung entgegen. Keiner von uns sagte ein Wort. Wir schauten uns nur an und lächelten. Ich fühlte, wie mein Herz weit wurde und sich mit Stolz und Dankbarkeit füllte, mit dem Gefühl, etwas vollbracht zu haben, und mit anderen Empfindungen, für die ich immer noch keine Worte habe.

Ich wünschte, ich könnte das Lächeln der Sng'oi wiedergeben. Ihr Lächeln war nicht wie das unsere; Zähne waren nicht zu sehen. Die Sng'oi lächelten eher mit den Augen als mit den Lippen. Ihre Augen begannen zu leuchten.

Als wir in die Lichtung von Drei traten, erleuchtete Ahmeeds Lächeln die Nacht.

Ich war erfüllt von meinem neuen Bewusstsein. Ich empfand eine solche Liebe für diese Menschen – meine Familie, genauso wie auch die Bäume meine Familie waren, und das Gras und der schmutzige Hund, der zwischen unseren Beinen herumrannte und sogar die Moskitos. Wir waren ein Ganzes.

Diese Nacht schien besonders reich an Klängen, und auch die Klänge waren Teil von allem.

Ich lauschte, ob ich den Tiger noch hören konnte, aber das Geräusch war verschwunden.

Wir aßen ein Mahl, das irgendjemand zubereitet hatte. Es war unglaublich köstlich. Ich entsinne mich, dass Wurzeln darunter waren, die ich noch nie zuvor gegessen hatte, sie schmeckten wie ... bittersüße Kartoffeln? Ein welkes, mir unbekanntes Gemüse erinnerte an Feinschmecker-Spinat. Der süße Tee war Ambrosia.

Nach der Mahlzeit wurde nicht viel gesprochen, doch als ich die einzelnen Dorfbewohner aufmerksamer betrachtete, merkte ich, dass sie mich beobachteten. Sie wussten es. Als sie sich zum Schlafen bereit machten – das wenige Geschirr war schnell gesäubert und versorgt, der Reistopf im Fluss gewaschen und weggestellt worden – stand Ahmeed auf und fragte, ob ich müde sei. Nein, ich war hellwach.

»Wir gehen ein wenig«, sagte er.

Im Dunkeln bleibt man besser in der Nähe des Dorfes. Wir entfernten uns nur ein paar Schritte von den Hütten. Wir ließen uns nicht nieder; man muss aufpassen, wo man sich im Dunkeln hinsetzt.

Nach einem langen Schweigen sagte Ahmeed:

»Du hast also ... Wasser gefunden.«

Ja, ich hatte Wasser gefunden. Mehr als das. Ich hatte in Wirklichkeit eine ganz neue Welt gefunden. Ich öffnete den Mund, um ihm davon zu erzählen, was ich gefühlt und erlebt hatte. Ich wollte ihm erzählen, dass ich endlich das Wunder des Einsseins mit der Welt erfahren hatte. Aber es kam nichts über meine Lippen. Ich hatte keine Worte, um auf Englisch das auszudrücken, was ich sagen wollte, geschweige denn auf Malaii, und erst recht nicht auf Sng'oi.

Doch ich wusste, dass er wusste. Es bedurfte keiner Worte. Stattdessen streckte ich meine Hand aus und berührte seinen Ellbogen. Wir standen einige Minuten lang so da und sprachen ohne Worte miteinander.

Dann trat er ein wenig zurück und fragte, ohne mich anzuschauen: »Wer brachte dich zurück?«

Ohne Zögern sagte ich: »Tiger, 'Rimau.«

Ich war selbst überrascht von dem, was ich sagte, aber während ich es sagte, wurde mir bewusst, dass es wahr war. Es war das beruhigende, brummende Schnurren des Tigers gewesen, das mich zurückgebracht hatte. Ahmeed nickte. Er wiederholte: »HA-RIMAU«.

Das malaiische Wort für Tiger ist Harimau, meist 'Rimau ausgesprochen. Wenn man Harimau sagt, klingt es förmlicher, gewichtiger.

Wir sprachen nicht weiter, und gingen langsam zu den kleinen Hütten zurück.

Ich brauchte eine ganze Weile, bis ich nach diesem Tag wieder auf den Boden herunterkam. Alles, was ich tat, war gesegnet. Alles lief reibungslos.

Ich war lange von zu Hause weg gewesen und hatte deshalb viel Arbeit nachzuholen. Ich musste Ausflüge unternehmen, Berichte schreiben. Ich verbrachte Zeit mit meiner Familie. Ich wusste, dass ich alles tat, was man von mir erwartete – alles, zu was ich mich selbst verpflichtet hatte – und doch wusste ich zugleich, dass ich nicht mehr die gleiche Person war.

Ich hatte immer wieder Augenblicke von *Einssein,* wie ich es damals nannte, dieses magische Gefühl, mit buchstäblich allem in der Schöpfung eins zu sein. Jedes Mal, wenn ich diese Einheitserfahrung erlebte, wurde sie natürlicher, mehr Teil von mir – nicht etwas, das ich wusste, sondern etwas, das ich *bin.*

Einige Jahre zuvor hatte ich einen Sommer in Dänemark verbracht und war mit drei Dänen segeln. Wir waren alle Anfang zwanzig. Die anderen sprachen mir zuliebe Englisch – außer, wenn etwas schnell gehen musste, zum Beispiel, wenn wir in einen Hafen einliefen. Dann schrie der Kapitän Befehle auf Dänisch, und jeder rannte umher, um dies oder das zu tun. Ich hatte das Gefühl, völlig außen vor zu sein. Ich verstand kein einziges Wort.

Meine Koje lag etwas abseits in einer Ecke des Bootes. Als ich nachts wach lag, hörte ich in meinem Kopf Dänisch, aber es war alles völlig verschwommen. Zu meiner Enttäuschung konnte ich kein einziges Wort ausmachen; alles, was ich hörte, war reiner Klang, Intonation und Rhythmus.

Als wir das nächste Mal in einen Hafen einliefen, passierte das Gleiche. Viel Umtrieb, Leute, die herumrannten, Befehle und Bemerkungen, die auf Dänisch hin- und herflogen und die ich nicht verstand. Ich versteckte mich in der Kabine unter Deck. Als das Boot vertäut war, kamen sie alle herunter und diskutierten immer noch erregt auf Dänisch miteinander, bis sie mich sahen – dann wechselten sie ins Englische.

Plötzlich, aus heiterem Himmel, stieß ich hervor – ich gebe hier nur die höflichen Ausdrücke wieder – : »Verdammt, ich verstehe kein Wort von dem, was ihr sagt!«

Ich war aufgebracht, frustriert, zornig – und irgendwie durchbrach diese Wut eine Barriere: Plötzlich war ihre Sprache nicht nur eine Aneinanderreihung von seltsamen Tönen. Ich konnte einzelne Worte hören, Ausdrücke. An jenem Tag begann ich, Dänisch zu lernen und kurze Zeit später hatte ich so viel gelernt, dass sie mich zu einem kleinen Geschäft schicken konnten, um Vorräte zu kaufen, darunter auch Tomaten (wie ich mich erinnere, ein Wort, dessen Aussprache auf Dänisch besonders fremdartig und schwierig ist).

Die Einheit erfahren zu lernen, war dem Lernen, Dänisch zu verstehen, sehr ähnlich. Ich musste einen Schleier, eine Barriere durchbrechen.

Ich vergaß das Dänische wieder, weil ich es nie mehr verwendete, aber seit ich die Einheit erfahren habe, kann ich sie wieder finden, und jedes Mal wird es einfacher, in diesen Seinszustand zu gelangen. Anfangs hörte ich während dieser Erfahrung auch noch den sanften Ton des Tigers, doch nach und nach verschwand er. Ich wusste, dass das zwei verschiedene Phänomene waren. Der Tiger ist die ganze Zeit über bei mir und ich weiß, dass es schon immer so gewesen ist. Die Erfahrung der Einheit, des Wissens, war neu. Sie hatte mein Leben verändert.

Es verging mindestens ein Monat, bevor ich Gelegenheit hatte, nach Drei zurückzukehren. Ich brannte darauf, Ahmeed Fragen zu stellen, zu lernen, wie ich mit diesem neuen Wissen umgehen konnte. Ich hätte wissen sollen, dass Ahmeed es mich nicht auf diese Weise lehrte. Ich bat ihn um Erklärungen, aber er antwortete mir nicht. Er ließ mich nicht einmal meinen Satz beenden.

»Lass uns wandern«, sagte er.

Wir wanderten.

Wir gingen nicht weit und setzten uns dann auf einen Felsen nieder. Die Luft roch herrlich – ich atmete tief ein, drehte den Kopf hierhin und dorthin, schloss die Augen und fühlte wieder diese reiche Einheit überall um mich herum.

Und nun sprach Ahmeed. Er erzählte eine lange Geschichte davon, wie er gelernt hatte, was ich gerade lernte, – als er ein kleiner Junge war, vielleicht acht oder neun Jahre alt. Eine Frau hatte es ihn gelehrt, eine Frau von einer anderen Familie (einer anderen Siedlung). Sie kam zu Besuch und sah ihn ganz alleine mit geschlossenen Augen dasitzen. Sie kauerte neben ihm nieder und fragte ihn nach einer Weile, was er sehe. »Alles, alles ...«, hatte er ihr zur Antwort gegeben.

Sie nahm ihn mit in ihre Siedlung, wo er viele Jahre bei ihr lebte. Währenddessen zeigte sie ihm, dass es Zeiten gab, wo es gut war, alles zu sehen und andere Zeiten, wo es nicht gut war. Und hier schaute mich Ahmeed an, wie um zu betonen: »Es gibt Zeiten, wo es nicht gut ist, alles zu sehen.«

Er erzählte mir Geschichten von Zeiten, als er die Dinge sah, bevor sie geschahen und wie erschreckend dies zuerst gewesen war. Er erzählte mir Geschichten von Fremden, die ins Dorf gekommen waren und nicht wussten, wer er war und mit ihm »laut« gesprochen hatten. In der Kultur der Malai – und auch jener der Sng'oi – gelten lautes Reden, laute Geräusche und auch übertriebene Gesten als grob, rüde und fremd. Aber ihm machte das nichts aus, sagte er, er »stellte einfach das Sehen ab.«

Wieder wandte er sich zu mir, um dem, was er sagte, Gewicht zu verleihen: »Stellst du das Sehen ab?«

Ja, erwiderte ich, ich müsse es tun. Die Menschen um mich herum würden es nicht verstehen, und so hätte ich dies sehr früh lernen müssen.

»Gut«, sagte er. Und dann fügte er etwas hinzu, das, wie mir erst später bewusst wurde, sehr einfühlsam war. »Du bist allein«, sagte er. »Für dich wird das Sehen schwierig sein, weil du das Dorf nicht um dich herum hast.« Er benutze das Wort KAMPONG und meinte damit nicht nur ein Dorf, sondern vor allem das soziale Netz eines Dorfes oder einer Siedlung der Sng'oi.

Nun, viele Jahre später, weiß ich, was er meinte. Es ist in der Tat schwierig, ohne den Schutz eines Dorfes oder einer erweiterten Familie zu *wissen*. Mir war klar, dass Ahmeed mir nicht mehr helfen konnte, wenn ich Malaysia verließ und mein Leben woanders weiterführte, aber er war sich bewusst, wie es für mich sein musste. Es lag ihm am Herzen.

Ahmeed hatte mindestens eine halbe Stunde gesprochen, was für ihn sehr außergewöhnlich war. Als er innehielt, dachte ich, er sei am Ende angelangt. Ich schickte mich an aufzustehen, aber er legte seine Hand auf meinen Arm, wie um zu sagen: nein, noch nicht.

Wir saßen noch mehrere Minuten da und schwiegen, aber ich wusste, was er mir sagte – nicht in Worten und noch nicht einmal in Bildern. Ich spürte eine warme, mich nährende Energie, die von ihm zu mir gelangte.

Nach einer Weile wandte er sein Gesicht direkt mir zu und sagte: »Stark«. Sei stark!

Wir standen auf, streckten uns und gingen ein wenig umher. Ich wusste, dass wir weiterreden würden, aber Ahmeed hatte etwas von dem, was er mit mir teilen wollte, zu Ende gebracht. Wir benötigten eine Pause, bevor es weiterging. Er erzählte mir einige Neuigkeiten aus Drei. Jemand hatte ein Baby bekommen, aber es war zu rasch zur Welt gekommen, und so hatte sie nicht überlebt. Und eine weitere Frau war schwanger.

»Seltsam«, sagte er, »zwei Babies hintereinander. Sehr ungewöhnlich.«

Er fragte mich nach meiner Familie. Es war ein ›Intermezzo‹, ein geselliges Plaudern. Wir unterhielten uns über Leute, Geschehnisse der letzten Zeit, über den Alltag.

Als wir uns wieder setzten, lag ein anderer Ton in seiner Stimme. Sie schien tiefer als zuvor, fast wie jene Stimme, mit der er gesprochen hatte, als er in Trance war.

»Harimau«, fing er an, und dann schwieg er eine lange Zeit. »Tiger ...« Dann fuhr er fort, das Tier, das *ihm* beistünde, sei *Schlange*. »Wir (Sng'oi) sprechen nicht darüber«, fügte er hinzu. »Wir sprechen nie darüber«. Dann sagte er »*Schlange* zeigt sich selbst.«

Große Schlangen überqueren niemals am helllichten Tag einen Weg. Die Schlange, die uns an jenem Tag begegnet war, hatte sich Ahmeed gezeigt (und – indirekt –, um mir beim Sehen zu helfen). Ich wusste, was er meinte, wenn er sagte, dass die Schlange sich selbst gezeigt hatte, weil *Schlange* das Tier-das-ihm-beisteht ist: Wenn er nicht mit mir dort gewesen wäre, wäre die Schlange auch nicht dort gewesen.

»Das Wissen liegt in meinem Herzen«, sagte er. Das Wissen, dass *Schlange* sein Helfer sei, läge in seinem Herzen verborgen, in seinem allein. Er teilte etwas mit mir, was er mit niemand anderem teilte. »Heute Abend, nach dem Essen, sind wir ein wenig weggegangen, damit die anderen nichts über deinen Harimau hören können.«

Jetzt verstand ich. Er meinte, dass ich mein Gefühl für *Tiger* mit niemandem teilen konnte. *Tiger* ist das Tier-das-mir-beisteht und dieses Wissen ist in meinem Herzen. Darüber sollte ich nicht sprechen.

Ich hatte Fragen. Ich wollte wissen, warum. Aber ich unterbrach mich selbst rechtzeitig. Ich würde es alleine lernen müssen. Es würde noch Gelegenheiten geben, darüber zu sprechen – ein anderes Mal, unter anderen Umständen. Dieser Abend war zu bedeutungsvoll, als dass ich ihn durch meine Fragen verderben wollte.

Ahmeed hatte während der ganzen Zeit, die ich für meine Schulung gehalten hatte, nicht gesprochen. Nun sprach er und ich wollte den Redefluss nicht unterbrechen.

Es war sehr dunkel hier draußen, und über uns funkelten die Sterne. Der Mond war nicht zu sehen. Ahmeed zitterte ein wenig, nicht weil er fror, denke ich, sondern weil es ein sehr feierlicher

Augenblick war. Schließlich wandte er mir sein Gesicht zu und entspannte seinen Körper, wie um zu sagen: Die Zeremonie ist vorüber.

Er sagte noch einmal: »Du bist allein.«

Ja, ich war mit meinem neuentdeckten Wissen allein, ohne eine Gesellschaft oder eine Kultur, die mich darin unterstützte. Dann fügte er abermals hinzu: »Stark.«

Ich dachte an einen Trainer, der einem Spieler, der aufs Feld geht, zuruft: »Du schaffst es.«

Dies war meine Initiation gewesen, eine feierliche Zeremonie, auch wenn es kein öffentliches Ereignis war. Es fühlte sich an, als ob er mir ein altes Wissen weitergereicht hatte. Ich war zutiefst dankbar für das, was er mir gegeben hatte, und genauso dankbar war ich dafür, *wie* er es mir gegeben hatte: Ich lernte, was *Lernen* ist.

Über die Jahre hinweg ist mein Bewusstsein dafür, dass ich ein Teil dieser Welt bin, stärker geworden; es ist zu einer Richtschnur meines Lebens geworden. Es vermittelt mir Sicherheit.

Ich habe eine starke Verbindung zu Bäumen und durch Bäume bin ich mit der ganzen Natur verbunden. Bäume sind für mich zum Anker der Natur geworden. Sie geben mir Energie, so wie andere Menschen fühlen, dass sie von Steinen oder vom Ozean Energie erhalten. Wenn ich mich mit dem Rücken an einen alten immergrünen Baum lehne, spüre ich, wie seine Energie meine Wirbelsäule hochschnellt. Dies ist keine mystische Erfahrung; es ist eine Möglichkeit, wie ich mich mit der Natur, von der ich

Teil bin, verbinden kann – es ist eine Bestätigung meines Menschseins.

Ich habe nie erfahren, ob ich nun gelernt hatte, was Ahmeed wusste. Ich bin mir noch nicht einmal sicher, ob das, was ich *Wissen* nenne, Ahmeed *Sehen* nennt. Doch ich weiß, dass Ahmeed mir half, wieder das Gefühl zurückzugewinnen, dass ein Mensch Teil der Natur ist; ein Gefühl der Zugehörigkeit, das allen Sng'oi und vielen anderen Menschen eigen ist, ein Gefühl, das die Leute im Westen jedoch verloren zu haben scheinen.

Ahmeed wusste, dass ich in einer anderen Welt lebte. Wissen, was er wusste, würde für mich anders sein.

Er gab mir seine Unterstützung und seinen Segen.

PRIVATSPHÄRE UND ENTFREMDUNG

Warum es wichtig war, das Wissen über das Tier-das-beisteht vor anderen geheim zu halten, war eine der Fragen, die ich am Ende meiner Lehrzeit nicht gestellt hatte. Warum sollte ich davon nicht erzählen? Wieso sollten andere es nicht wissen?

Eine Antwort auf diese offen gebliebene Frage erhielt ich ein paar Jahre später, als ich einige Wochen mit anderen sogenannten primitiven Menschen auf einer kleinen Insel im Pazifik verbrachte.

Menschen, die in engster Nähe auf kleinem Raum in einer Gruppe leben, in der alle zur Familie gehören, auch wenn sie nicht unbedingt blutsverwandt sind, besitzen keine Privatsphäre. Einzig im Herzen ist Privatsphäre möglich. In einer solchen Gesellschaft schätzen die Menschen immaterielle Dinge, die besonders persönlich sind. Für manche ist der wahre Name geheim und sehr persönlich. Der Name, den man in der Öffentlichkeit verwendet, ist nur im sozialen Leben von Nutzen. Den wirklichen Namen kennt niemand, außer vielleicht der Priester.

Es gibt nichts, das so gehütet und wertgeschätzt und manchmal so persönlich ist wie das, was die Indianer das Totem-Tier nennen: das Tier-das-beisteht der Sng'oi.

Viel ist im Westen über die Furcht der Urvölker vor dem Fotografiertwerden geschrieben worden. Forscher erklärten, dass die Eingeborenen befürchteten, mit dem fotografischen Abbild werde einer Person die Seele gestohlen.

Doch vielleicht ist Fotografieren ja auch ein Eindringen in die Privatsphäre.

Unsere Gesellschaft denkt anders über die Privatsphäre. Für uns ist Privatsphäre ein Raum – ein eingezäunter Raum. Die Amerikaner träumen davon, ein eigenes Haus auf einem eigenen Stück Land zu besitzen, umgeben von einem weißen Lattenzaun, oder heutzutage vielleicht von einem elektrischen Drahtzaun mit einem komplizierten Alarmsystem. Wir haben auch mit Gesetzen Umzäunungen geschaffen, Grenzen, die von Gesetzes wegen gezogen werden: bis hierher und nicht weiter, du darfst dieses oder jenes nicht zu mir sagen, du kannst dieses oder jenes in meiner Anwesenheit nicht tun. Und wehe denen, die unsere vielen Grenzen übertreten! Heutzutage kann es durchaus passieren, dass man niedergeschossen wird.

In einem amerikanischen Heim haben alle ein eigenes Schlafzimmer, ein eigenes Bett und, wenn sie reich genug sind, ein eigenes Badezimmer und einen eigenen Wagen. Sogar unsere Körper haben Grenzen – wir berühren einander nicht, denn berühren bedeutet, dass man sexuelle Absichten hat. Wir besitzen mehr privaten *physischen* Raum als sonst jemand in der Geschichte der Menschheit je besaß.

Doch gleichzeitig sind wir auch einander und der uns nährenden Erde gegenüber so fremd geworden wie noch nie in der Geschichte der Menschheit.

Heute wundere ich mich nicht mehr länger über die Dinge, die ich sage, wenn ich mein inneres Wissen sprechen lasse. Mein Mund überrascht mich vielleicht noch, aber sobald die Bedeutung der Worte, die ich ausgesprochen habe, in mein Bewusstsein dringt, gibt dieses zu, dass mein Mund Wahres gesprochen hat.

Das Wissen, das ich erwarb, ist nicht dem Bewusstsein gleichzusetzen. Es ist viel tiefer. Ich habe oft erfahren, dass ich etwas wusste, das ich unmöglich wissen konnte, genauso wie Ahmeed über den Ozean Bescheid wusste. Diese Art von Wissen passt überhaupt nicht zur westlichen Sichtweise der Realität. Bevor Wissenschaftler zum Beispiel akzeptieren können, dass eine bestimmte Pflanze Heilwirkung besitzt, müssen sie sie vermessen, sezieren, analysieren und den Beweis führen, dass sie keinen Schaden anrichtet – und natürlich müssen die Eigenschaften der Pflanze dann auch noch in die gerade gängigen Theorien der westlichen Medizin passen.

Anthropologen und andere Wissenschaftler haben gelegentlich und sehr widerwillig Heilkräuter studiert, die Menschen in abgelegensten Orten über Jahrtausende hinweg verwendet haben, und dabei geriet in Vergessenheit, dass ein Heilsystem genau das ist, was der Ausdruck besagt: nämlich ein System. Arzneimittel können nicht unabhängig vom Heilsystem betrachtet werden, in dem sie entwickelt wurden.

Westliche Wissenschaftler scheinen überrascht, wenn sie herausfinden, dass gewisse Kräuter und Tinkturen tatsächlich wirken. Als Nächstes analysieren sie dann das Heilkraut mit Hilfe eines ausgeklügelten, hochtechnologischen Verfahrens, um das *aktive Prinzip* zu identifizieren. Das aktive Prinzip wird anschließend aus Chemikalien reproduziert, sodass es nun kommerziell hergestellt werden kann, und zwar ohne die ›Unreinheiten‹ des ursprünglichen Pflanzenmaterials. Natürlich wird auf diese Weise nun niemand mehr erfahren, ob nicht vielleicht gerade diese eine oder auch mehrere der Unreinheiten eine wichtige Rolle für die Wirksamkeit des natürlichen Heilkrauts gespielt haben.

Der Saft der Blätter der Aloe Vera zum Beispiel lindert oder heilt sogar erstaunlich effizient Verbrennungen, wie alle bestätigen werden, die davon schon einmal Gebrauch gemacht haben. Der Verkauf von Aloe Vera Pflanzen wirft jedoch nur wenig Gewinn ab. Aber als die Wissenschaftler als aktives Prinzip einen Stoff identifizierten, den sie ALOANTIN nannten, ließ sich daraus ein Produkt herstellen und gewerbsmäßig verkaufen.

Westliche Wissenschaftler behaupten stets, zu wissen, wie die Völker überall auf der Welt die Heilkraft der Pflanzen entdeckt haben, bevor ihnen unsere raffinierte Wissenschaft zur Verfügung stand: nämlich durch Ausprobieren – so, als ob die primitiven Menschen diese Baumrinde oder jenes Blatt probiert und dann herumexperimentiert hätten, ob es besser gekocht, roh, geraffelt oder gebacken werden musste, bis es schließlich funktionierte.

In Wirklichkeit ist die Zubereitung vieler Speisen und Arzneien der Eingeborenen so kompliziert und benötigt so viele Arbeitsschritte, dass man sich nur schwer vorstellen kann, wie die Menschen lediglich durch Experimentieren gelernt haben sollen, was gut schmeckt und gefahrlos essbar ist oder welche Kräuter auf welche Weise zubereitet werden müssen, um ihre heilende Wirkung zu entfalten.

Wie sollten Menschen durch Ausprobieren entdeckt haben, dass *Curare*, ein rasch wirkendes und tödliches Gift, das man verwenden kann, um Wurfgeschosse und Pfeile zu präparieren, zubereitet werden muss, indem man den Saft der Pflanzen sammelt, ihn zu einer dicken Paste einkocht und dabei die ganze Zeit sehr vorsichtig sein muss, das Ganze nicht mit den Händen zu berühren? (Für alle, die ihre Hände nicht häufig waschen, bedeutet Berühren in der Regel immer auch Zu-Sich-Nehmen.)

In einigen Gegenden der Welt wird aus einem Wurzelgemüse (in Südamerika CASSABA genannt), das sehr giftige Blausäure enthält, ein Grundnahrungsmittel hergestellt. Die Wurzel muss gewaschen, geschält, gerieben, in Wasser eingelegt, mit großem Druck ausgewrungen, nochmals gewaschen und ausgepresst, zu einem Pulver getrocknet und dann mit Wasser gemischt und gekocht werden. Alle diese Arbeitsschritte sollen durch Experimentieren entstanden sein? Stellt sich die Frage, wie viele Tausend Menschen wohl gestorben sein müssen, weil sie das Falsche getan oder sich bei der Zubereitung in der Reihenfolge geirrt haben.

Haben die Menschen essbare Pilze durch Ausprobieren entdeckt?

Zu allen Zeiten gab es Menschen, denen ein inneres Wissen eigen war. Als ich einmal auf der Insel Kaua'i einen steilen und sehr engen Pfad hochging, der ins Hanakapi'ai Tal führte, bekam ich plötzlich Kopfschmerzen, die von den Stirnhöhlen ausgingen und die mich fast vollkommen außer Gefecht setzten. Jeder Schritt verursachte ein Hämmern in meinem Kopf. Während ich mich weiter den steilen Pfad hochschleppte, fiel mein Blick auf eine Pflanze, die ich nicht kannte, vielleicht sechs Meter über mir, seitlich an einem schroffen Abhang. Als ich die Pflanze betrachtete, wusste ich auf einmal, wie sie sich anfühlte (haarig, aber nicht stechend), wie sie schmecken würde (würzig), und ich wusste, dass ich bloß ein Blatt dieser Pflanze zu pflücken, zu zerreiben und in die Nase zu stecken brauchte, um die Stirnhöhlen wieder freizubekommen. Ein Freund fasste mit einem langen Stock hinauf und schaffte es, ein Blatt der Pflanze abzubrechen. Es fühlte sich genauso an, wie ich vermutet hatte. Ich steckte es in meine Nase. Und es befreite meine Stirnhöhlen, wie ich es vorausgesehen hatte.

Bei der Pflanze handelte es sich, wie ich später erfuhr, um eine wilde Sorte des Oregano. Bei den Hawaiianern ist sie bekannt für ihre heilenden Eigenschaften.

Ein anderes Mal wanderte ich in Begleitung von zwei Igorod-Führern auf den Philippinen in den Bergen von Luzon von einem Dorf der Igorod zum nächsten. Plötzlich stolperte ich und rutschte einen sehr steilen Geröllhang etwa neun Meter hinunter, wobei ich mir die Innenseite beider Hände aufriss. Ich wusste, dass ich gut daran tun würde, dafür zu sorgen, dass die Handflächen sich nicht infizierten. Wir waren mindestens zwei Tagesreisen von der Zivilisation entfernt. Ich hielt nach Wasser Ausschau, aber die Landschaft war trocken und dürr, von Wasser keine Spur. Da entdeckte ich eine Pflanze, die hier überall wuchs, und wieder wusste ich auf einmal, wie sich das Blatt dieser Pflanze anfühlen würde (hart, herb, stachelig), wie es schmecken würde, wenn ich es kaute (bitter). Dieses Wissen wurde mir schlagartig zuteil. Ich wusste auch, was ich mit den Blättern machen musste: Ich musste sie kauen, um einen Wickel zu machen, der den Dreck aus den vielen Schrammen meiner Handinnenflächen herauslösen und wohl auch die Wunden desinfizieren würde.

Ich kaute die Blätter, packte sie in einige andere Blätter ein und wickelte den unansehnlichen Umschlag mit Lianen um die Hand. Als wir am Abend das Dorf erreichten, in dem wir übernachten wollten, öffnete ich den Verband und stellte fest, dass die Wunden sauber und nicht infiziert waren. Die gleiche Pflanze wächst auf Hawaii, und natürlich kennen sie auch die Hawaiianer als Heilpflanze. Sie gehört zur Familie der Eisenkraut-Gewächse.

Für mich ist dieses Wissen real, es ist eine Tatsache, so wie das Sehen eine Tatsache ist, oder Linkshänder sein eine Tatsache ist. Manchmal wünschte ich mir, ich könnte dieses Wissen abschalten. Aber Menschen sind nicht wie Maschinen. Man kann sie nicht so einfach abstellen; es ist schwer, die Sinne auszublenden – und genauso schwer ist es, die Sinne zu schärfen.

Als wir nach zwei Jahren Aufenthalt in Malaysia nach Hawaii umzogen, durchschritt ich eine lange Phase der Anpassung. Die Offenheit, die ich von den Sng'oi gelernt hatte, hilft, im Dschungel zu überleben, doch im Dschungel einer modernen Stadt ist sie eine Last.

Ich lernte, nicht all das wahrnehmen zu wollen, was die Leute fühlen. Es war erschreckend zu entdecken, wie viele Menschen überhaupt nicht denken, sondern Wellen von Wut, Ärger und Bitterkeit *empfinden* – obwohl sie dann aber so handeln, als ob sie ihren eigenen Gefühlen gegenüber blind und taub seien. Oft ist unsere Umgebung so überfüllt, so geschäftig, dass man vollkommen überfordert wäre, wenn man alle Sinne (der Wissenssinn eingeschlossen) offen hielte.

Ich bin mir sicher, dass ich nicht der Einzige bin, der im Supermarkt oder am Bahnhof oder am Flughafen einige Sinne abschalten muss. Ich meide – wenn immer möglich – solche Orte, an denen man derart überflutet wird. Man lernt – man *muss* lernen –, einige der Sinne auszuschalten, um sich vor diesem Lärm zu schützen.

WAS TUN DENN DIESE HUNDERT MÄNNER?

Eines Tages besuchte ich in den Bergen eine Siedlung der Sng'oi, die man erst nach einem mehrstündigen Fußmarsch durch den Dschungel erreichte. Es war schon spät, als ich im Dorf eintraf. Wie immer wartete jemand bei meiner Ankunft am Wegrand – eine junge Frau diesmal, die, wie auch die anderen zuvor, schweigend aufstand und bis zum kleinen Dorf vor mir herging.

Als wir abends zusammen saßen und miteinander ins Gespräch kamen, fragte jemand: »Bist du an dieser Stelle vorbeigekommen, wo sie eine neue Straße bauen?«

Ja, ich war tatsächlich dort vorbeigekommen. Und das war auch der Grund, wieso ich so spät dran war; die Arbeiter mussten erst einen Pfad frei räumen, sodass ich mit meinem Wagen durchfahren konnte.

»Ist es wahr«, fragte jemand anderer, »dass es dort eine Maschine gibt, die die Arbeit von hundert Männern erledigt?«

Ich empfand wohl ein wenig Stolz über unsere Schlauheit, unseren Einfallsreichtum, unsere Maschinen. Eine Maschine, die die Arbeit von hundert Männern erledigt – das ist gewiss eine gute Beschreibung für einen Bulldozer.

»Ja«, sagte ich, »es gibt dort eine solche Maschine.«

Langes Schweigen.

Dann ergriff wieder jemand anderes das Wort: »Was tun dann diese hundert Männer?«

Nun schwieg ich. Unter diesem Gesichtspunkt hatte ich Maschinen, die Arbeit ersparten, noch nie betrachtet. Was taten diese hundert Männer, die von einem Bulldozer ersetzt wurden? Ich wusste es nicht.

Heute arbeiten die Kinder dieser hundert Menschen wahrscheinlich in einem Büro, oder sie stellen Schuhe her. Vielleicht haben sie den Computer gebaut, an dem ich nun arbeite. Es scheint unausweichlich, dass Maschinen einen großen Teil der Arbeit, die bis vor kurzem noch Menschen erledigt haben, übernehmen werden oder bereits übernommen haben.

Wir denken nicht allzu viel darüber nach, was diese hundert Männer denn dann machen.

Ich wusste nicht, was ich sagen sollte. Ich hatte mir einfach nicht genug Gedanken über diese hundert Männer gemacht. Im Auf und Ab dieser leichten Unterhaltung, die sich um ein kleines Feuer herum entspann, wechselte das Thema. Ich entsinne mich, dass wir noch über eine geheimnisvolle Krankheit sprachen, die eine benachbarte Siedlung heimgesucht hatte.

Aber der Gedanke an diese hundert Männer, die nun keine Arbeit mehr haben, verfolgt mich immer noch.

Was tun bloß diese hundert Männer?

Kurze Zeit später besuchte ich ein malaiisches Kampong. Die Malaien sind sehr zivilisiert; sie haben zwar nicht die westliche Kultur an sich, jedoch vieles aus der Technik der Moderne übernommen. Die malaiische Kultur ist kohärent, komplex und ein in sich geschlossenen Ganzes, und sie prägt das Leben der Menschen.

Jeder Ort hat seine Besonderheit, aber dieses Dorf schien auf den ersten Blick so typisch, so durchschnittlich, dass es fast schon langweilig war. Als der Fahrer und ich kurz nach der Mittagszeit ankamen, war nicht viel los. Die Häuser schauten so aus, wie man es in dieser Gegend des Landes erwartete: vernachlässigt, reparaturbedürftig, aber doch noch nicht ganz baufällig. Einige Leute faulenzten verträumt herum. Neben einer kleinen Gruppe von Erwachsenen saßen oder lagen ein paar Kinder auf dem Boden. Niemand zeigte das geringste Interesse an uns oder schaute uns gar neugierig an, als wir uns ihnen näherten. Niemand kam herbei, um uns zu begrüßen oder zu befragen. Keines der Kinder schien wach genug, um uns auch nur zu bestaunen, wie es Kinder sonst tun.

Mein Fahrer und ich versanken in der Trägheit des Dorfes. Es fühlte sich an, als gingen wir durch eine dicke Molasse, während wir uns einem Platz näherten, der aussah wie der Treffpunkt des Dorfes – natürlich unter einem großen Baum, dem kühlsten Ort zu dieser Tageszeit.

Wir fügten uns schweigend in das mittägliche Dorfleben ein: ausruhen, nichts tun. Wir murmelten einige Grußworte. Alles war sehr friedlich. Für Mücken war es zu heiß – sie würden später kommen. Fliegen gab es keine. Die Luft stand still – kein Blatt regte sich. Sogar die Geister hatten sich verzogen.

Etwa eine Stunde später kühlte es langsam ab. Einige Kinder begannen sich zu regen und verschwanden dann, um ihren eigenen, geheimen Pfaden zu folgen. Ein Mann mittleren Alters neben mir schaute auf und fragte uns, wo wir denn herkämen. Niemand würde uns danach fragen, was wir denn im Dorf täten. Dies war nicht die malaiische Art, aber es war höflich, sich zu erkundigen, woher wir kamen. Und langsam, sehr langsam entwickelte sich ein Gespräch.

Und bis zum Nachmittag, der nun schon angenehm kühl geworden war, standen schließlich die meisten Dorfbewohner um uns herum. Wir hatten erklärt, von wo wir kamen und dabei auch erwähnt, wer wir waren. Nun waren sie an der Reihe, uns von sich zu erzählen.

Zuerst jedoch wollte jemand etwas vom neuesten Klatsch aus der Hauptstadt wissen. Stimmte es tatsächlich, dass ein berühmter Politiker eine Affäre mit einer noch berühmteren Filmschauspielerin hatte? Ich war mit jemandem befreundet, der zu Partys ging, bei denen Politiker, berühmte Filmstars und Ausländer sich ein Stelldichein gaben, doch sogar er hätte nicht gewusst, ob dies nur ein Gerücht war – eine üble Nachrede – oder ob an der Geschichte etwas dran war. Und ob es denn wahr sei, fragte ein anderer, dass der Premierminister zu einem längeren Besuch nach Europa gereist sei und die Königin besuchen würde? Ja, versicherten wir ihnen, dies sei der Fall. Tatsächlich hatte das Treffen des Premierministers mit der Königin schon stattgefunden; die Bilder waren an diesem Morgen in allen Zeitungen gewesen.

Ein staunendes Raunen ging durch die Gruppe: *wahhhh!*

Es gab in diesem Dorf sicher mindestens ein Transistorradio. Einige Dorfbewohner konnten wahrscheinlich auch Zeitung lesen, aber es würde noch ein paar Tage dauern, bis die Zeitungen zu ihnen gelangten. Dies war ein armes und abseits gelegenes Dorf, aber die Leute wussten, was sich in der Hauptstadt abspielte.

Nur wenige Dorfbewohner trugen traditionelle Kleidung, doch alle trugen sie Sarongs, egal wie verwaschen oder abgetragen sie aussahen. Auch ein paar Nylonhemden konnte ich entdecken, einige Uhren, sogar Modeschmuck und einen Hut, der aussah, als ob er mindestens einen Krieg durchgemacht hätte.

Es gab nicht viel über das Dorf zu sagen, so schien es. Es waren gewöhnliche Leute – hier war nicht viel los. Das einzig Besondere war wohl, dass ein Erfinder hier lebte! Jemand hatte eine Maschine erfunden, erzählten sie uns – und er lebte mitten im Dorf. Sie sprachen das Wort auf Englisch aus: MAH-TCHEEN, und fügten ein t hinzu, um das Wort explosiver und aggressiver klingen zu lassen.

Es waren sicher nicht mehr als fünfzehn Erwachsene, die um uns herumstanden, aber ich konnte mir nicht vorstellen, dass einer von ihnen eine Maschine erfunden hatte.

»Nein«, sagte eine Frau, die weiter hinten stand, »er ist nicht hier, er verlässt sein Haus nicht so oft. Er lebt sehr zurückgezogen.«

Und eine andere Stimme fügte hinzu, »... und er kann weder hören noch sprechen.«

Und so machten wir uns alle auf, um diesem Erfinder einen Besuch abzustatten, der also zurückgezogen lebte und taubstumm war. Er wohnte im wohl kleinsten und schäbigsten Haus des Dorfes. Seine Frau kam uns entgegen, sie stand an der Türe, um uns klarzumachen, dass wir drinnen nicht willkommen waren. Das Haus war so klein, dass wir im Innern sicher nicht aufrecht hätten stehen können. Sie bedeutete uns, dass wir zur nächsten Tür gehen sollten, zu einem schmalen, scheunenartigen Bau. Sie war nicht taub und sie konnte sprechen, so erfuhren wir später, aber durch das Leben mit einem taubstummen Ehemann war sie wohl ebenfalls schweigsam geworden.

Es war nun kurz vor Sonnenuntergang, und das Licht, das in den Schuppen drang, fiel durch eine Tür und einige Spalten in den

Wänden. In diesem Dämmerlicht sahen wir eine Konstruktion aus schweren Balken und Flaschenzügen. Der Erfinder trat – die Augen zu Boden gerichtet – zur Seite, um uns einzulassen. Es war ein schmächtiger Mann, ungewöhnlich dünn, sogar für jemanden in einem armen Dorf, so, als ob er seit langem Hunger litte.

Er verständigte sich rasch mit seiner Frau und gab ein paar anderen Frauen, die sich in den kleinen Raum schoben, Zeichen. Einige von ihnen verschwanden.

Ich konnte mir nicht vorstellen, wozu die Maschine dienen sollte, doch sie sah fachmännisch aus – stark, einfach, fast wie neu. Das Holz hatte sich noch nicht verfärbt, auch wenn es an einigen Stellen glatt geworden oder vielleicht auch poliert worden war.

Der Raum war dunkel, und Teile der Maschinerie befanden sich hinter einer Trennwand. Als ich mich der Maschine näherte, sah ich Flaschenzüge, Seile aus kräftigem SENNIT (Kokosnussfasern), die einen schweren Holzbalken mit dicken Bambusstützen verbanden. Ich konnte mir immer noch nicht vorstellen, was die Maschine tun würde und welchen Zweck sie erfüllte. Inzwischen hatten sich die meisten Dorfbewohner eingefunden. Sie standen draußen und warteten auf den Beginn der Vorführung.

Es gab ein Gemurmel und ein kleines Durcheinander, als der Erfinder weitere Handzeichen gab und wieder ein paar Frauen verschwanden. Vielleicht zehn Minuten später – es dämmerte bereits, und man hatte kleine Öllampen gebracht, die das Innere des Schuppens beleuchteten – kehrten die Frauen zurück. Sie standen hintereinander in einer Reihe, jede mit einer Handvoll ungeschältem Reis. Nun verstand ich, wozu die Maschine diente. Der Erfinder hatte eine Mühle erfunden!

Es ist Brauch, dass jeder Haushalt einmal im Tag Reis schält. Ohne Kühlschrank lässt sich Essen in den heißen und feuchten

Tropen nicht gut aufbewahren. Roher, ungeschälter Reis bleibt länger haltbar als geschälter, kochfertiger. Das Verfahren ist Folgendes: In der tassenförmigen Vertiefung eines Holzblocks befindet sich ein wenig ungeschälter Reis; der Stößel ist ein langer, hölzerner Stab, mit dem die Schale vom Reis getrennt wird. Zwei, manchmal drei Frauen (oder Mädchen) wechseln sich ab, heben den Stab an und lassen ihn in den Mörser fallen, manchmal mit einigem Kraftaufwand. Es ist ein altes Ritual; die Bewegungen des Hebens und Fallenlassens werden mit dem ganzen Körper ausgeführt.

Reisschälen ist fast wie ein Tanz. Der Stößel, der laut in den Mörser fällt, erzeugt einen wunderbaren, synkopierten Rhythmus, der sich in den Tanz der Frauen einfügt, die sich dazu oft singend begleiten. Sie tun ihre Arbeit sichtlich gerne – meist lächeln und scherzen sie, während sie den langen Stößel heben und fallen lassen.

Ich hatte gedacht, dies sei Frauenarbeit – so wie Wasser vom Fluss oder einer Pumpe holen auch Frauenarbeit war und mit viel Gelächter und Geplauder einherging.

Der Mörser im Schuppen war bedeutend grösser als diejenigen, die man in einem Haushalt verwendete; in die Vertiefung passten vielleicht sieben oder acht Tassen Reis. Der Stößel war der breite Balken, den ich in den dunklen Winkeln unter dem Dach gesehen hatte; sein Ende war abgerundet und glatt, und auch er war natürlich viel dicker und schwerer als die Stößel, die man im Haushalt benutzte.

Der Erfinder trat auf eine Tretkurbel und langsam setzte sich die Maschine in Bewegung. Es dauerte ein paar Minuten, bis der Stößel sich auf und ab bewegte, aber als er dann in Schwung gekommen war, wurde sofort klar, dass ein einzelner, ziemlich ausgemergelter Mann in wenigen Minuten so viel Reis schälen konnte wie fünf oder sechs Familien für eine Mahlzeit brauchten.

Die Vorführung dauerte nicht länger als fünf Minuten. Der Erfinder zeigte uns stolz einen kleinen Eimer mit fein geschältem Reis, der deutlich reiner, glatter und weißer war als der gewöhnliche Reis der Dorfbewohner. Ich wusste, dass fünf oder sechs Haushalte eine halbe Stunde aufwenden mussten, um so viel Reis zu schälen, während dieser hier in wenigen Minuten fertig war.

Die Zuschauer warteten auf unsere Kommentare. Wir riefen *ooohh* und *aaahhh* und sagten, was für eine wundervolle Maschine dies sei – und wunderten uns dabei, wieso man so offensichtlich nicht Gebrauch von ihr machte. Die Dorfbewohner waren stolz auf den Erfinder unter ihnen, aber sie nutzten seine Erfindung nicht.

Hier war ein echtes Genie aus ihren Reihen am Werk: ein einfacher, wohl eher ungebildeter Dörfler hatte ein arbeitssparendes Gerät erfunden. Selbst bei dieser simplen Demonstration bestand kein Zweifel, dass dieser schmächtige Mann mit Leichtigkeit den kompletten Bedarf an Reis für das gesamte Dorf in weniger als einer halben Stunde schälen konnte. Damit blieb für die Frauen und Mädchen, die jeden Tag den Reis-Klopf-Reigen tanzten, nichts zu tun übrig, außer ...

Es war offensichtlich, dass die Frauen das Reisschälen nicht als eine harte oder unangenehme Arbeit empfanden. Es war wohl etwas, worauf sie sich freuten. Es gehörte zum täglichen Rhythmus des Lebens.

Niemand im Dorf schien hart oder viele Stunden lang zu arbeiten – außer vielleicht während der kurzen, anstrengenden Zeit, wenn sie Reis pflanzten oder ernteten. Die zum Leben der Dorfbewohner notwendigen Tätigkeiten – Holz holen, um etwas zu kochen, Reis schälen, anpflanzen, die Reisfelder pflegen, ab und zu fischen, etwas Gemüse anbauen – das alles betrachtete man nicht als Arbeit; es waren tägliche Verrichtungen. Diese Handlungen zusammen formten den Rhythmus ihres Lebens, es war eine angenehme, im Wesentlichen seit vielen Generationen unveränderte Routine. Sie hatten nicht das Gefühl, daran etwas ändern zu müssen.

Als wir den Schuppen wieder verließen, fragte ich die Frau des Erfinders, ob er in einem Buch mal eine ähnliche Maschine gesehen habe. Sie wusste nicht, wovon ich sprach. Ich bezweifle, dass sie oder er je ein Buch mit Konstruktionsplänen von etwas Ähnlichem wie dieser Mühle in der Hand gehabt hatten. Und so fragte ich sie, wie er denn darauf gekommen sei, solch eine Maschine zu bauen. Sie dachte einen Moment lang nach, dann ging sie in das kleine Haus und kam mit zwei Handvoll schlichten Miniaturmodellen aus Bambusstücken, Zweigen und Schnüren zurück, die alle auf einem Stück Karton befestigt waren.

Der Erfinder hatte seine Erfindung gemacht, indem er kleine Modelle baute und ausprobierte; er hatte das Prinzip entdeckt, wie man einen großen, aufrechten Balken mit nur wenig Kraft in Bewegung setzt. Die Modelle sahen im Vergleich zum vollendeten Werk geradezu kindisch ungelenk aus. Man konnte sich nur schwer vorstellen, dass sie funktionieren würden. Aber das Endprodukt tat es mit Sicherheit.

Es war ziemlich dunkel, als wir anschließend, gefolgt von den Erwachsenen und vielen Kindern, zum Wagen zurückgingen. Sie fragten uns noch einmal, wie uns die Vorführung gefallen habe. Ob es nicht eine wunderbare Erfindung sei? Ja, pflichteten wir bei, es sei wirklich eine wunderbare Erfindung. Die Tatsache, dass sie offensichtlich keine Verwendung fand, schmälerte ihren Wert keineswegs. Die Dorfbewohner dachten über den Erfinder und seine Erfindung so, wie wir vielleicht über einen Künstler und seine Kunst denken: nicht nützlich, aber etwas, worauf wir stolz sind, etwas, das wir vielleicht in einem Museum ausstellen können.

Eines Tages stellen wir vielleicht unsere Bulldozer in Museen zur Schau.

WIR KÜMMERN UNS UMEINANDER

Kurz bevor ich Malaysia verließ, bat man mich, einen Psychologen zu treffen, der zu Besuch war. Er sagte, man habe ihm geraten, er solle mit mir sprechen. Vielleicht könne ich ihm etwas erklären, das ihm Kopfzerbrechen bereite.

Er sei hier in Malaysia als Besucher in eine der beiden psychiatrischen Kliniken geführt worden, und man habe ihm erzählt, es gebe dort keinen einzigen malaiischen Patienten. Es gebe eine große Anzahl Chinesen, einige Inder (aus Indien, Pakistan oder Ceylon, doch damals nannte man sie unterschiedslos Inder), vielleicht sogar einige Weiße. Aber keine Malaien.

»Wenn die Malaien die Hälfte der Bevölkerung dieses Landes ausmachen«, sagte er, und Ärger schwang in seiner Stimme mit, »dann ist es ein Ding der Unmöglichkeit, dass es keine psychisch kranken Malaien gibt. Und noch viel unglaubwürdiger ist es«, fügte er hinzu, »dass es sich in der anderen psychiatrischen Klinik genauso verhält: keine Malaien. Was ist hier los?« wollte er wissen.

Aus seinem Verhalten schloss ich, dass er schon fast zu der Überzeugung gelangt war, es handle sich um eine Art Verschwörung. Aus seiner Perspektive heraus war es unmöglich, ja undenkbar, dass es bei einer Bevölkerung von mehreren Millionen keine verrückten, wütenden, gefährlichen Menschen gab, die man in Psychiatrien wegschließen musste.

Ich schlug ihm vor, einige malaiische Dörfer zu besuchen. Zu jenem Zeitpunkt kannte ich das Land schon recht gut. Ich war in vielen malaiischen Dörfern zu Besuch gewesen, und ich wusste, wo wir willkommen waren und es nicht schwer fiel, mit den Dorfbewohnern ins Gespräch zu kommen. Ich bin mir sicher, dass sich nirgendwo auf der Welt eine Kultur findet, die nicht eine gewisse Zurückhaltung dabei zeigt, Fremden Einblick zu geben in jene psychologischen Zustände, die meist eher beängstigen. Man spricht nicht so rasch über psychische Krankheiten, erst recht nicht beim ersten Besuch. Doch hatte ich das Gefühl, dass die Dorfbewohner, die ich im Sinn hatte, zumindest willens waren, mit uns zu reden.

Der Fahrer, der mich schon viele Male zuvor chauffiert hatte, willigte ein, uns zu begleiten. Der Besucher und ich saßen auf dem Rücksitz und sprachen über Psychologie. Er sagte, er habe gehört, ich hätte irgendeine Art Studie über die Malaien gemacht. Ja, aber in meiner Studie sei es um Ernährungsgewohnheiten gegangen, und ich persönlich interessierte mich eher für Heilmethoden, Heiler und Heilerinnen und vielfältige Themen rund um die Gesundheitsversorgung. Aber ich hätte das Gefühl, die Malaien ziemlich gut zu kennen – immerhin sei ich nur wenige hundert Kilometer von hier, in Indonesien, mit anderen Malaien aufgewachsen. Und ja, ich sei Psychologe.

Wir führten eine lange Diskussion darüber, welches meiner Ansicht nach die zentralen Werte der malaiischen Kultur seien. Ich erinnere mich an meinen Versuch, die Worte HALUS und KASAR zu erklären.

»Kasar heißt roh, derb, laut, unsensibel ...«

»Und«, fügte der Fahrer hinzu, »dick, krausköpfig oder gewellt, so wie Haare, die sich wie Stahlwolle anfühlen.«

Ich fuhr fort: »Halus bedeutet sanft, weich, höflich ...«

Wieder drehte sich der Fahrer zu uns um und fügte mit einem Lächeln hinzu: »Es heißt auch: sanftes, glattes Haar – malaiisches Haar eben.«

»Halus sind alle Malaien, oder sollten es sein, so will es die Kultur«, erklärte ich, »Kasar sind die Fremden – laute Chinesen, rücksichtslose Weiße, grobe Inder.«

Erneut wandte der Fahrer seinen Kopf nach hinten und fragte mich: »Und was ist mit den Orang Asli, den Ureinwohnern? Sie haben manchmal gewellte oder gar gekräuselte Haare. Sind sie kasar?« Ich konnte mir nicht verkneifen zu erwidern: »Du weißt selbst sehr gut, dass sie ganz und gar halus verkörpern.«

»Ja«, grübelte er, »das ist wahr. Vielleicht bedeutet dies ja, dass sie die alten Malaien sind. Hältst du das für möglich?«

Es gab tatsächlich einen Stamm von Ureinwohnern, den die Anthropologen und die Regierungsbeamten PROTO-MALAIEN nannten. Man ging davon aus, dass die Malaien von ihnen abstammten. Die Sng'oi, die einzigen Ureinwohner, die ich kannte, waren manchmal mit Malaien die Ehe eingegangen, doch ihre Kultur war eine ganz andere, auch wenn beide Gruppen gewiss ähnliche Werte besaßen. Tatsächlich lehrt man die Malaien von frühester Kindheit an, sie sollten *halus* sein. Die Malaien erheben ihre Stimme nicht, sie –

Der Fahrer konnte sich die nächste Bemerkung nicht verkneifen. »Ja«, unterbrach er uns, »das gilt im Kampong. Aber in der Stadt wird es immer schwieriger, ein Malaie zu sein, wenn du von lauter KAFIS (Ungläubige) umgeben bist, die alle *kasar* sind.«

Ich hoffe, der Besucher konnte unserer Unterhaltung folgen, die mit dem Fahrer auf Malaiisch und mit dem Psychologen auf Englisch geführt worden war.

Am ersten Tag besuchten wir zwei Dörfer. Wir wurden mit dem Dorfoberhaupt bekannt gemacht, und man stellte uns einigen Älteren vor, wie der Besucher sie nannte – ältere Menschen, die dort lebten. Wir gingen hierhin und dorthin. Wir sprachen mit Kindern. Wir bewunderten die Reisfelder. Im Gemeindehaus des einen Dorfes wurde uns süßer Tee und im anderen ziemlich süße Limonade serviert. Der Besucher stellte einige sehr gezielte Fragen, doch nein, niemand hatte je von einer Person gehört, die verrückt gewesen war oder gefährlich oder psychisch krank.

Am nächsten Tag besuchten wir drei Dörfer, das letzte befand sich ziemlich weit weg und wir waren lange unterwegs. Im zweiten Dorf kamen wir der Antwort auf die Frage des Besuchers langsam auf die Spur.

Es war Mittag, jene Tageszeit, in der sich niemand bewegt oder gar arbeitet, wenn es sich vermeiden lässt. Wir standen unter einem großen Baum und versuchten, eine Brise kühler Luft zu erhaschen. Wir unterhielten uns mit den Älteren über alles Mögliche und das Gespräch plätscherte vor sich hin.

Da sah ich aus dem Augenwinkel jemanden von einem Baum zum nächsten flitzen. Ich schaute genauer hin, konnte jedoch niemanden entdecken. Dann sah ich erneut eine Person, offenbar ein Mann, der wie von einem Versteck zum anderen huschte.

Auch der Besucher hatte ihn bemerkt. Wir fragten, wieso denn jemand zu dieser Tageszeit von einem Versteck zum anderen renne. Und vor wem er sich denn verberge?

»Oh«, erwiderte jemand ziemlich unbekümmert, »das ist unser Dieb.«

Wir fragten: »Unser Dieb?«

»Ja, er stiehlt gerne Dinge.«

»Habt ihr die Polizei gerufen?«

»Nein, natürlich nicht. Wieso sollten wir? Er ist einer von uns, er lebt in diesem Kampong.« Und das war das Ende der Diskussion.

Eine Woche später begleitete uns der Besucher ein letztes Mal zu einem Dorf, das sogar noch weiter entfernt lag. Diesmal wurden wir gleich nach unserer Ankunft von einer alten Frau verfolgt. Sie war vom Alter gebeugt, aber rüstig und sehr aktiv – fast hyperaktiv. Sie zeigte ein seltsames Gebaren, sie murmelte vor sich hin und ab und zu stieß sie Schreie hervor, die wie Flüche klangen. Dann schob sie sich näher an uns heran und kicherte wie eine Verrückte.

Niemand im Dorf schenkte ihr besondere Beachtung. Nur einmal, als sie die Kamera des Besuchers berühren wollte, sprach sie einer der Männer an, nahm sie beim Arm und sagte: »Komm schon, Großmutter, störe uns nicht, wir reden.«

Daraufhin entfernte sie sich, murmelte, kreischte ab und zu, bis sie verschwand und wir sie nicht mehr hören konnten.

Der Besucher fragte, was denn mit dieser Frau los sei. Oh, nichts, beruhigten uns alle. Sie tue das eben. Es störe niemanden.

Es würde den Malaien niemals in den Sinn kommen, diese Frau in eine psychiatrische Klinik einzuweisen. Sie ist ja schließlich Teil des Dorfes: Sie ist eine von uns.

Es würde den Malaien auch nicht in den Sinn kommen, die Polizei zu rufen, um den Dieb abzuholen: Er ist ebenfalls einer von uns.

Aus diesem Grund gab es keine Malaien in den beiden psychiatrischen Kliniken.

Und wenn jemand gewalttätig sei, wollte der Besucher wissen? Ob es denn keine gefährlichen Leute in ihren Dörfern gäbe?

Nein, nein, alle waren sich ziemlich sicher, dass es keine gefährlichen Leute gab.

»Und was ist mit dieser Frau?« insistierte der Besucher. »Sie schreit und flucht – schlägt sie nicht manchmal auf jemanden ein?«

Es ist schwierig, auf Malaiisch einen Konditionalsatz zu bilden, aber so viel wir auch erklärten, die Dorfbewohner waren sich ganz sicher, dass diese Frau niemals jemanden geschlagen hatte.

»Nicht einmal einen Hund?« wollte der Besucher noch wissen. Nein, nicht einmal einen Hund.

Auf der Rückfahrt murrte der Besucher vor sich hin; er war davon überzeugt, dass die Malaien und wir etwas vor ihm verbargen. Es müsse Gewalt geben, meinte er. Vielleicht nicht oft, aber ab und zu.

Ich erwähnte, dass die einzige Form, in der sich in der malaiischen Kultur Gewalt ausdrücke, AMOK sei, ein Wort, das in vielen anderen Sprachen ›Wutausbruch‹ bedeute oder gar ›unkontrollierbare Raserei‹. Amok käme jedoch ausgesprochen selten vor.

Wer Amok läuft, hat die Kontrolle über seine Handlungen verloren. Die Person – in der Regel ein Mann – ergreift irgendeine Waffe, die gerade zur Hand ist, oft einen Dolch, und mäht damit blind um sich, sticht auf Menschen, Häuser, Tiere, Bäume ein – auf alles, was ihm in die Quere kommt.

Die Malaien sagen, er sei blind (MATA GELAP bedeutet wörtlich ›mit den Augen in der Dunkelheit‹); er nimmt noch nicht einmal wahr, wohin er geht; er wankt wie ein Betrunkener, manchmal fällt er, stolpert über Steine.

Was denn die Leute täten, wenn jemand Amok laufe, wollte der Besucher wissen?

Der Fahrer drehte sich wieder zu uns um: »Oh, es ist gefährlich, ihm zu Beginn seines Amoklaufs zu nahe zu kommen, und so rennen die Leute weg. Später erwischen sie ihn immer.«

»Und dann?« fragte der Psychologe, »bestrafen sie ihn?«

Nein, sie würden ihn nicht bestrafen. Wieso sollten sie ihn denn für seine Blindheit bestrafen? Der Fahrer fügte hinzu, dass er schon seit vielen Jahren von keinem Amok mehr gehört habe. »Aber heutzutage«, fügte er fast ein wenig betrübt hinzu, »würde ihn wahrscheinlich die Polizei erwischen und er müsste ins Gefängnis.«

Der Psychologe wollte wissen, ob es irgendwelche Methoden gäbe, um Amok oder andere Geisteskrankheiten zu behandeln. »Oder gibt es sogar irgendwelche vorbeugenden Maßnahmen?«

Nein, so etwas war uns nicht bekannt.

Die Malaien behielten ihre Geisteskranken bei sich – und hielten sie nicht für krank. Einige verhalten sich auf diese, andere auf jene Weise, *doch alle sind Menschen aus unserem Dorf.*

NACHWORT

Keine Wahrheit kann eine andere Wahrheit unwahr machen.
Alles Wissen ist Teil des Ganzen Wissens.
Hast du erst einmal das Große Ganze gesehen,
kannst du den Teil nie mehr für das Ganze halten.

Ursula K. Le Guin,
Vier Wege des Verzeihens

Ich schätze mich wirklich glücklich, die ersten zwanzig Jahre meines Lebens in Ländern verbracht zu haben, in denen man mehr als eine Sprache sprach (von denen keine Englisch war). Seit ich zu sprechen anfing, war mir bewusst, dass einige Menschen in meiner Umgebung nicht nur andere Wörter sagten, sondern diese Wörter auch anders benutzten. Ich lernte zwei Sprachen gleichzeitig und niemand musste mir sagen, zu meinen Eltern sollte ich so und zu den anderen anders sprechen. Wie alle Kinder *wusste* ich, ohne dass man es mir beibringen musste.

Kinder lernen eine Sprache nicht aus Büchern oder weil Lehrer sie ihnen beibringen, sondern weil sie das Bedürfnis haben, sich mitzuteilen. Zwei Sprachen zu lernen – besonders da sie sich so sehr voneinander unterschieden –, führte bei mir dazu, dass ich für dieselbe Sache zwei Wörter lernte, aber mehr noch zwei unterschiedliche Arten, über etwas zu sprechen, was nur scheinbar das Gleiche war.

Die eine Sprache passte zu der Weltsicht meiner Eltern und anderer westlicher Menschen; die andere passte zu der Weltsicht der Landesbewohner. Dies schien mir als Kind nichts Besonderes; doch heute ist mir bewusst, dass solch ein natürliches Lernen ein großes Geschenk war. Es ist nun für mich ziemlich selbstverständlich, dass jede Sprache Ausdruck einer einzigartigen Art und Weise des Erkennens ist.

Im Westen erkennen wir die Welt, indem wir sehen, hören und alles vermessen, was wir für eine komplexe Angelegenheit mit vielen Teilbereichen halten. Wir benutzen selten jeden unserer fünf Sinne, um Erkenntnisse über die Wirklichkeit zu gewinnen.

In anderen Gegenden der Erde wissen die Menschen durch Erfahren, dass die Welt ein lebendiges, organisches Ganzes ist, in dem alles mit allem verbunden ist und wir uns als ein weiterer Teil in dieses Ganze einfügen. Dieses Erfahren ist nicht Sehen oder Hören oder Messen – es ist ein unmittelbares Erfahren von allem, was wir sind.

Natürlich drücken die westlichen Sprachen eine westliche Sicht der Wirklichkeit aus. Im Westen halten wir die Sprache auch für ein Ding, ein Behältnis mit Wörtern und Bedeutungen; die Wörter darin sind die Teile, und die Grammatik definiert und regelt die Beziehungen zwischen den Wörtern. In anderen Gegenden der Welt denkt man, die Sprache sei die Stimme des lebendigen Ganzen, dem Vogelgesang oder dem Rauschen eines Wasserfalls gleich. Solche Sprachen sind (oder waren zumindest) oft keine Schriftsprachen und haben deshalb auch keine offiziell festgelegte Grammatik. Sie sind in der Wortfolge, im Gebrauch der Verben, der Art und Weise und der Anzahl der erlaubten Beziehungen untereinander, ja und sogar im Klangbild, mit dem ein bestimmter Laut geformt wird, viel flexibler, flüssiger und freier. Uns mag eine solche Sprache poetisch anmuten, weil wir Poesie mit einem anderen Gebrauch der Worte verbinden.

Zu wissen, wie verschieden sich Sprachen anfühlen, die so offensichtlich mit einer unterschiedlichen Sicht auf die Realität verbunden sind, hat es mir erleichtert, Menschen zu verstehen und wertzuschätzen, die völlig andersgeartete Sichtweisen haben – was auch bedeutet, dass die Meinungen darüber, was gut ist und was sich gehört, auseinandergehen, und dass insbesondere auch die Wahrnehmung der Wirklichkeit eine andere *ist*.

Die Geschichten in diesem Buch handeln von Menschen, deren Weltsicht sich von der westlichen unterscheidet. Sie erkennen die Welt auf andere Weise. Für uns stellt sich nicht die Frage, ob ein Krankenhaus der richtige Ort für einen schwerkranken Patienten ist. Für Menschen, die Krankheit und sogar den Tod ganz anders sehen, als wir es tun, mag unsere westliche Sicht sehr schwer nachzuvollziehen sein. Dies hat nichts mit Herzlosigkeit oder Ignoranz zu tun, es ist ganz einfach eine andere Art und Weise, wie man über wichtige Ereignisse des Lebens denkt. Unterschiedliche Werte sind nicht falsch, nur eben verschieden.

Auf welche Weise man die eigene Realität strukturiert, drückt sich auch in der Sprache aus. Es ist schwierig, die Tiefe, das *Gefühl*, den Reichtum der einen Sprache in einer anderen Sprache zu vermitteln. Die Dialoge in diesen Erzählungen sind im Originaltext auf Englisch wiedergegeben, doch gesprochen wurden sie auf Malaii, Sng'oi, Holländisch oder in anderen Sprachen. Manchmal fanden sie auch auf Englisch statt, einem Englisch aber, welches die meisten Amerikaner wohl nicht ohne weiteres als Englisch wiedererkannt hätten! Was ich in englische Worte und Sätze übertragen habe, vermag diese andere Weltsicht nur ansatzweise wiederzugeben.

Ich bin meinen Freunden vielerorts auf der Welt zutiefst dankbar, dass sie mir halfen, das, was ich als Kind *gewusst* haben mochte, wiederzufinden: die Essenz meines Seins, das Wissen, dass ich ein untrennbarer Teil dieser Erde bin.

Nun fühle ich mich wieder eins mit den Pflanzen und den Tieren, der Sonne und dem Mond. Die Atome meines Körpers gehörten einst zu einem Vogel, zu einem Lavastein, zum Wasser, bevor ich sie in Gebrauch nehmen durfte. Mein Geist ist durchdrungen vom Tiger, von einem Baum, einem orange-violetten Sonnenuntergang über dem Pazifik, einem machtvollen Sturm.

Ich spüre deinen Schmerz und deine Freude, weil sie auch die meinen sind.

Es ist nicht, dass ich dies *glaube*. Es ist keine Wahl. Ich *weiß*, dass es so ist. Tief in meinem Innern wusste ich dies seit jeher, aber so viel Angelerntes hat dieses Wissen überlagert. Die Freunde, von denen ich hier erzählt habe, halfen mir, mein Erbe wieder zu erlangen.

Vor einigen Jahren verbrachte ich mit einem Freund der Familie einen Tag an einem Strand auf KONA, der großen Insel von Hawaii. Als wir auf dem Hinweg vorsichtig ein sehr felsiges Gelände überquerten und uns, um nicht auszurutschen und hinzufallen, behutsam von einem Stein zum anderen bewegten, entdeckte ich eine vollkommen intakte Kaurimuschel. Diese Muschelart findet sich häufig, doch nur selten ist ein Gehäuse so perfekt, ohne Löcher und Kratzer. Diese war mindestens fünf Zentimeter lang und schien makellos.

Ich nahm die Muschel mit an den Strand, wo wir uns niederließen und den Tag mit Reden verbrachten. Während wir uns unterhielten, streichelte ich unentwegt die Muschel, meine Finger prägten sich ihre wundervoll komplexen Muster ein und meine Augen ihre zarten Farben.

Gunga sprach wohl die meiste Zeit, wie er das oft tut. Gunga ist nicht wirklich sein Name, aber so nennen wir ihn. Er ist fast rein hawaiianischer Abstammung. Er ist kaum zur Schule gegangen und kann weder lesen noch schreiben. Auf sein Erbe ist er ungemein stolz und so wie die meisten Hawaiianer liebt er sein Land, das 'AINA – was viel mehr bedeutet als nur Land. 'Aina meint auch ›Zuhause‹ oder ›Lebensspender‹, die Grundlage des eigenen Lebens. Einst besaßen er und seine weitverzweigte Familie das Land, auf dem sie lebten und von dem sie sich ernährten, aber durch Betrug, Missverständnisse und verschiedene Machenschaften, die in unserem westlichen Justizsystem legal sind, besitzen sie fast nichts mehr – und schon gar nicht das Land.

Als wir uns auf den Heimweg machten, legte ich die Muschel wieder in der Nähe des Fundortes zu den Steinen zurück.

Gunga hielt an und meinte überrascht: »Eh, du bist kein HAOLE (weiße Person); haole wollen immer alles besitzen, was sie sehen oder berühren.« Er schüttelte den Kopf und murmelte den ganzen Weg zurück zum Wagen vor sich hin: »Oh, Mann, er kein haole, legt Muschel zurück an den Strand ... eh, er kein haole ...«

Die Kaurimuschel ist nur in ihrer eigenen Umgebung kostbar. Vom Ozean, vom Strand und der Sonne getrennt, ist sie dagegen bloß ein Ding.

Lange Zeit hütete ich den Schatz der in diesem Buch gesammelten Geschichten in meinem Herzen, denn mir bangte davor, was mit ihnen geschehen könnte, wenn man sie aus ihrem Kontext herausrisse, wie eine Muschel, die man von Sonne und Meer wegträgt.

Es ist für Menschen aus dem Westen schwierig zu verstehen, dass Völker und ihre Umgebung untrennbar zusammengehören. Heute sind alle alten Welten durch unsere Gier, unser Maschinen, unsere Zivilisation bedroht. Ein junger Sng'oi erzählte mir, sein Volk sterbe aus; andere haben mir gesagt, sie könnten sich nirgendwohin mehr zurückziehen. Wie die Hawaiianer sagten: *Ha'ina mai ka puana* – Lasst uns die Geschichte erzählen!

Ein Freund sagte zu mir: »Du hast Glück gehabt, du hattest eine ungewöhnliche Kindheit.«

In vieler Hinsicht glich meine Kindheit derjenigen der meisten Menschen auf dieser Welt. Die Kindheit meines Freundes, der in Amerika aufwuchs, war ungewöhnlicher als meine. Ich wuchs in einer Welt und zu einer Zeit auf, als die Menschen einander noch berührten, als wir noch innig mit Tieren und Pflanzen vertraut waren. Erst später, als ich im Westen lebte, zur Schule ging und einen Krieg durchmachte, begann ich, mich von der Erde und von meinen Mitmenschen zu entfremden. Man hielt mich an, mein Leben zu führen, statt es zu leben. Ich müsse kämpfen, um zu überleben, versicherte man mir. Es hieß, die Welt sei ein Dschungel – aber als ich wieder mit dem wahren Dschungel vertraut war, wurde mir klar, dass der Dschungel des wilden Lebens in keiner Weise dem Dschungel der westlichen Zivilisation gleicht, und gewiss nicht so gefährlich ist.

Viele Jahre lang musste ich so hart arbeiten, um das zu tun, was von mir verlangt wurde, dass ich für das, was in mir selbst wichtig war, taub und blind wurde. Dann hatte ich das Glück, Menschen zu begegnen, die – auf eine alte Weise – menschlich waren. Ich hatte das Glück, eine Menschlichkeit zu erfahren und wiederzuerlangen, die auf der Verbindung mit der Erde gründet.

Alle, die mit der Natur in Berührung sind, können die Energien, Gefühle und Absichten von Menschen und Tieren spüren. Wenn wir zuhören, können wir wissen – wir müssen nur davon ablassen, die Kontrolle haben zu wollen. Inneres *Wissen* ist nichts Ungewöhnliches, es gehört zu unserem Wesen. Alle Menschen können mit Allem-was-ist verbunden sein. Diese Verbindung ruht in uns.

Mögen diese Geschichten anderen helfen, sich zu erinnern.

Volcano, Hawaii, 2001

ROBERT WOLFF (1925 - 2016)

AUFZEICHNUNGEN UND BIOGRAFISCHE NOTIZEN

Ich lebe auf der Welt. Die Welt ist für mich nicht nur die Erde, sondern auch der Himmel, die Sterne, das Wetter und all die Dinge, die ich sehe oder höre oder fühle. Vieles von dem, was ich in der Schule oder durch das Lesen wichtiger Forschungsarbeiten gelernt habe, gehört nicht zu meiner Welt. Meine Welt ist keine wissenschaftliche Welt. Wenn die Wissenschaftler über Fakten reden, dann meinen sie Zahlen.

Es mag sehr wohl sein, dass die Welt, so wie die Wissenschaft denkt, mit einem großen Urknall begann. Das ist nicht Teil meiner Welt. Meine Welt ist nur das, was ich erfahre. Hier und jetzt. Ich erfahre mich selbst als ein Teil meiner Welt. Ich bin von dieser Welt, ich bin einfach eine der vielen Manifestationen – der Schöpfungen – dieses Planeten.

Meine Welt ist intensiv, pulsierend und lebendig. Sie verändert sich unaufhörlich – alles in meiner Welt ist in einem beständigen Fluss. Ich sehe nicht, dass sie in eine bestimmte Richtung fließt, zu einem bestimmten Ziel hin oder vom Ursprung weg. Ich nehme nur wahr, dass sie wächst.

Aus: HAINA von Robert Wolff, 2003
http://wildwolff.strikingly.com

Ja, ich habe eine besondere Verbindung mit Tigern. Ich wuchs zu einer Zeit und an einem Ort auf, wo es Tiger gab. Das erste Mal, als ich einen Tiger in der Wildnis sah, war ich acht Jahre alt. Das war damals noch gut möglich. In meiner Erinnerung ist es immer so: »Ich sah den Tiger und der Tiger sah mich, und der Tiger lächelte.« Ich ging umgeben von einer Wolke strahlender Herrlichkeit zu unserem Ferienhaus zurück. Der Tiger ist für mich, was das Totemtier für die Indianer ist.

Ich schreibe über die Natur und »alle meine Verwandten«, wie die Indianer zu sagen pflegten. Über alle Wesen und Erscheinungen meiner Umwelt, zu der ich in Beziehung stehe: das geflügelte Volk, die Vierfüßigen, die Zweifüßigen; Bäume, Pflanzen, Kräuter, Stürme, Sonnenschein, Wind, Regen. Ich schreibe über Menschen, von denen ich gelernt habe, Menschen, die ich bewundere. Und über Tiere und Pflanzen, von denen ich gelernt habe. Über die faszinierende Schönheit des Chaos, das die Natur ist, über ihre unendlichen Verbindungen – über alles, das mit allem anderen in Beziehung steht.

Und manchmal schreibe ich, um uns daran zu erinnern, dass was *da ist, alles ist, das existiert.*

Fakten? Hier geboren, dort gelebt, andernorts gearbeitet, verheiratet, Kinder, Enkel, Urenkel, Abschlüsse, Begegnungen, Enttäuschungen. Ja, all das – ich bin alt. Ich halte mich für einen Menschen, der mehr zur Natur gehört als zur Welt der Menschen. Ich hatte ein aufregendes Leben, reiste viel, lebte in verschiedenen Ländern, spreche einige Sprachen – was mir wichtig scheint, um mehr als einen Standpunkt zu verstehen. Und je älter ich werde, desto mehr fasziniert mich das Einfache.

Aus: THE BIG ISLAND, CALLED HAWAI'I von Robert Wolff, 2010